問題な職場

なぜか、やる気がそがれる

JN203446

見波利幸

青春新書
INTELLIGENCE

はじめに

・ギリギリの人数
・余裕のない納期
・10年前とは比べものにならない激しい競争
・パワハラ、セクハラ……年単位で更新されるハラスメント対策
・「たったひとつのコンプライアンス違反」が致命傷になる

――職場をとりまく環境が激変しつつあると、皆さんも日々感じていらっしゃると思います。

昔はもっとのんびりしていました。右肩上がりの時代はもちろん、その後も、もう少し人数、納期に余裕がありました。だから「成果が上がらない部下」がいても、あまり問題にならず大目に見られていたところがあります。

つまり上司の「部下を育てる力」が、それほどシビアに問われなかったのです。

しかし時代は変わりました。

いまやどこの業種でも、戦力でない人を抱えている余裕はありません。貴重な人員が不調で休んだり退職するのは即、ダメージになります。

そういう中で、「部下を戦力にできているか」が、上司にはっきりと要求されるようになってきました。心身に不調をきたして休職する、あるいはやる気をなくして退職するといった部下が多く出る部署のリーダーは、上司失格という評価を厳しく下されるようになってきました。

上司も部下も、成果を上げたいのは同じです。楽して高い成果が出せればこんなにいいことはありませんが、そうはいかない。そういう中で、上司が部下にどう接するかが問われるようになったわけですが、余裕があった時代の、いわば「従来の常識」のままに接すると部下のやる気をしぼませることになってしまう――カウンセリングやコンサルティングで私が強く感じるのがこういう点です。

上司も部下に育ってもらいたい。部下もやる気を持って働きたい。なのに両者がすれ違い、成果が上がりにくい「問題のある職場」になってしまっているとしたら、こんなにもったいないことはありません。

「今のスキルでムリなら、3倍努力してみたら？」

「結果がすべてだよ」

「つねに顧客目線で考えよう」

もし、こういった言葉で部下のやる気がそがれているとしたら、上司の方々はどう思われるでしょう？


本書では、上司と部下のやる気がしっかり噛み合い、これまで部下指導に苦労されてきた上司の方々の負担が7〜8割は減る「新しい時代のマネジメント」を、ご一緒に考えていきたいと思います。

見波利幸

目次

4章 「知らなかった」ではすまない 最新・ハラスメント対策

5章 「言われなくてもできる部下」になるモチベーション・アップの方法

8章 叱らなくても戦力になる最強のコミュニケーション

編集協力 東 雄介

「新時代の上司力」チェックテスト

次の「Q」に対して、ご自身は普段どうされているか、チェックしてください。

Q1 上司にとって最大のミッションは

□①部下に「顧客目線」を教え込むこと
□②笑顔があふれる、和気あいあいとした職場をつくること
□③自部門の業績を上げ続けること

Q2 要求が二転三転する顧客に困った部下から相談を受けた。どう声をかける？

□①「弱音を吐かず頑張って」
□②「よく相談してくれたね」
□③「プロなら最後までやり通そう」

Q3 日頃の頑張りが結果につながらない部下に、どんな声をかける？

□①「今のスキルで足りなければ、人の2倍努力してみたら？　チャンスだよ」
□②「今、自分にはどんなところが足りないと思う？」
□③「結果がすべてだから、甘えないで頑張って。成長するから」

Q4 業務指導、最も効果的なのはいつ？

□①仕事を任せる前のタイミングで
□②仕事が始まってから、報連相のタイミングで
□③仕事を終えて振り返りのタイミングで

Q5 失敗を嫌う部下に難しい仕事を任せてみたい。どう説明する？

□①部下のキャリアにとってどんなメリットがあるのか、丁寧に説明する
□②自分のかつての失敗談を打ち明けて、部下を励ます
□③甘えを許すと今後のためにもよくないので「これをやるように」と指示する

Q6
これからの上司像は

□①部下をしっかりと管理するのが仕事である
□②部下を成長させるのが仕事である
□③部下のメンタルをケアするのが主な仕事である

Q7
目標管理面談で話したいのは

□①今期の反省点
□②部下のこれまでの10年について
□③部下のこれからの10年について

Q8
実力はあるのに「出世したくありません」と言う部下を、どう指導する？

□①面白い仕事をどんどん任せる
□②「10年後、どうなっていたい？」とたずねる
□③自分が上司としてこれまでどんな経験を積み、どう成長したかを話す

Q 9

この中で、最も強いモチベーションはどれ？

□①所属と愛の欲求

□②自尊欲求

□③自己実現欲求

Q 10

部下を成長させる上司は

□①「人は自ら成長するもの」と考えている

□②「人は怠けるもの」と考えている

□③「人は、強制や罰を与えないと惰性になって伸びない」と考えている

Q 11

最近残業続きで、睡眠不足を訴える部下。上司がするべき対応は

□①ただちに専門医に相談するよう勧める

□②寝る時間があるのに寝ていないのか、時間そのものがないのかをたずねる

□③仕事量を減らすなど、業務を改善する

Q 12

部下のやる気を引き出す上司は、相談を受けるとき

□①結論から話すよう促し、業務の効率化を図る
□②話を聞くばかりではなく、自分の意見もしっかり伝える
□③話の脱線も大歓迎、すぐに核心に誘導しない

Q 13

部下がプライベートの悩みを打ち明けやすいのは

□①「大した悩みじゃないよ、気にしないほうがいい」と、励ましてくれる上司
□②「それは辛かったね」と、気持ちを受け止めてくれる上司
□③「それはこうしたらいいんだよ」と、アドバイスをしてくれる上司

Q 14

「褒め上手」な上司になるには

□①とにかく褒めて褒めて、褒めまくる!
□②誰の目にも明らかな成果を皆の前で褒める
□③部下が努力したところを褒める

Q 15

目には見えず評価もされにくいが「誰かがやらなければならない」仕事を何という?

□①コンテキスト・パフォーマンス

□②サイレント・パフォーマンス

□③コンテスト・パフォーマンス

Q 16

朝、女性社員から取引先でのセクハラ被害を相談された。どうする?

□①会社としてただちに対応することを約束し、(被害者である女性は)どうしたいのか確認する

□②ただちにクレームを入れる

□③気が変わることもあるので「大事なお客さんだし困ったね」と数日様子を見る

Q 17

パワハラ被害によって精神面に不調をきたす人の割合は

□①被害者の1割以上

□②被害者の5割以上

□③被害者の8割以上

新時代の上司の望ましい対応

Q	望ましい対応
1	③
2	②
3	②
4	①
5	①
6	②
7	③
8	②
9	③
10	①
11	②
12	③
13	②
14	③
15	①
16	①
17	③

右に挙げたもの以外の2つの選択肢（Q1の場合、①と②）が、あらゆる意味・TPOで「間違った対応」であるとは限りません。なぜ右に挙げたものが「望ましい対応」なのかについては、本文でくわしくお話ししています。

判定結果

0～8点……知らずしらずのうちに部下のやる気をそいでいる「従来型の上司」の可能性大。時代の変化と共に、上司のあり方も変化していることを学んでいきましょう。

9～13点……「どうも従来のマネジメントではまずいようだ」という危機感はすでにお持ちのようです。何をどうしたらいいのか具体的な理解を深めていきましょう。

14～17点……これからの上司のあり方を学び、すでに実践し始めている方だと思います。今後はマネジメントの専門スキルを極めていってください。

1章

なぜ、この言葉ではうまくいかなくなったのか？

NG 「言われたことは、最後までやり通そう」

「仕事を途中で放り出してはいけないよ」

「プロとして責任を持とう。こうと決めたことは、最後までやり通さないとね」

部下を持つ上司として、おそらく一度は口にしたことがあるのではないでしょうか。だとしたら、今までのマネジメントを疑う絶好のチャンスです。一見、そうは思えないかもしれませんが、ここには従来型の上司特有のマネジメントの特徴が現れているからです。

あらためて考えてみると、仕事を最後までやり通すことは、本当に正しいのでしょうか?

ビジネスの状況は、刻一刻と変化します。顧客の要望も、それに応じて変化します。最初に立てた方針が完璧で最後まで変わらないなど、むしろありえないことだと思います。

それなのに部下だけが、最初に決めたことにこだわり続けているというのは、おかしな話です。この言葉は「途中でどんな問題が起ころうと、無視してよし」というメッセージにも等しいわけで、これは業務上、致命的なダメージをもたらしかねません。

「言われたことは、最後までやり通そう」という言葉は、要は、「仕事は終わらせればいい、そのためなら、顧客の要望も気にしないでいい」と言っているのと同じことになってしまうのです。

本来、必要なのは、あらゆる変化に応じたマネジメントです。仮に、部下本人に原因がある場合であっても、問題解決を部下に押し付けるのではなく、「一緒に考えていこう」が基本姿勢となります。

「弱音を吐いてはいけない」という言葉も同じです。これは、叱責するどころか、「よくぞ弱音を吐いてくれた！　おかげで初めて、問題が起きていることを認識できたよ。これから一緒に対処法を考えていこう」

と歓迎、感謝したい場面です。それに部下は「弱音を吐いたりしたら、上司に叱られるのではないか」という不安を乗り越えて、相談にやってきてくれているはずです。そういう部下の勇気にも「ありがとう」と言いたい場面です。

できる上司の新条件 *1*

「弱音を吐きたくなっている部下の心理」も解決すべき重要な問題として認識し、2人で対処する

NG「先輩の背中を見て仕事を覚えよう」

きっと上司自身、若い頃はこう言い聞かされてきたのだと思います。

ですが、現実の上司や先輩は、そんなにも素晴らしいお手本なのでしょうか。それがイチロー選手並のトッププレイヤーの「背中」なら、お手本として文句なしなのでしょうが……。

また、そもそも本当にお手本を見せているのか、という問題もあります。

例えば、顧客のところへいってクレーム対応するというときです。

「顧客がこういう状況で、こんなことにお怒りだ。問題の核心はここにあるからこんなストーリーで説明してほしい。最終的にはこんな落としどころにしようと思っているよ」

そこまで事前に指導できてこそ、はじめてお手本になるのです。やった後でなら、いくらでも体裁を整えられますし、言い訳ができてしまうのです。

「こんなふうに進めていく予定だったけど、顧客があんなに怒っているとは知らなくて、うまく説明できなかった」

これでは「後出しジャンケン」です。お手本にはなりません。最悪なのは、「今回はお前の成長のために、一人でクレーム対応してみろ」などと言って、お手本を見せる前に放り出すケース。そんな上司に限って部下が失敗するとボロクソに叱責するのです。お手本を示せない上司に、部下を叱責する資格はありません。

上司がお手本だというならせめて、どこに注意するべきなのか、どんな選択肢があるのか等、事前に説明をしてから送り出してください。

「任せたよ」は、そんなつもりは全くなくても、上司としての責任放棄になってしまいます。部下は失敗体験を重ね、成長するどころか自信を失っていくかもしれません。

できる上司の新条件 **2**

「背中を見て覚えさせる」前に上司が手本を示す

NG「顧客目線に立とう」

「顧客目線に立とう」とは、ビジネスにおける「水戸黄門の印籠《いんろう》」のようなセリフです。こう言われると、反論するのはなかなか難しいもの。顧客目線という言葉には、そのぐらい、有無を言わせぬ「錦の御旗」的な力があります。

ですが、どうも誤解があるようです。

というのも、顧客目線に立つ＝顧客の要望なら何でも応えることだと、勘違いしている上司が多いのです。そんな上司を手本にした部下もまた、「顧客の要望をすべて聞き入れることが顧客満足なのだ」と勘違いしています。

言葉は悪いですが、それでは奴隷と、何ら変わりません。

本来の顧客目線とは、顧客の上に立ち、コンサルテーションをすることを意味します。

そもそも、顧客が対価を支払ってくれるのは、自分たちの専門性の高さに価値を感じてくれているからこそです。

そうであるからには、顧客よりも高い専門性を発揮し、そして顧客が納得できるような合理的な説明を果たさなければなりません。

それをせず、顧客の言いなりになるというのは、自分には専門性がない、顧客のほうが高いスキルを持っている、自分には報酬を受け取る価値がない、ということを暗に認めることになります。

最終的な意思決定は顧客が下すとしても、業務上の細かい判断は、プロである自分たちがイニシアチブをとるべきです。たとえ相手が顧客であろうと、無理のある要望をそのまま飲むようでは、プロ失格なのです。

「御社のご要望はよくわかりました。それを実現するには、こんな課題があります」

「納期や予算にも、このような変更が生じます」

大切なのは、このように自分から提案し、納得してもらうことです。部下にも、それができるよう、具体的に指導する必要があります。

できる上司の新条件 3
顧客の言いなりではなく プロとしてコンサルテーションするよう指導する

NG「早く独り立ちできるようになろう」

部下に期待すればこそ、口をついて出る言葉なのかもしれません。早く自分の手を離れて存分に活躍してほしいとは、上司なら誰もが思うことです。

しかし、「早く独り立ちを」と声をかけるだけで実現できるかというと、それは話が違います。部下も何をしたらいいのか、わからないでしょう。

本来は次の3つのことを、上司は丁寧に説明する必要があります。

（1）「一人前」とは、どんな技術、どんなスキルを備えた状態を指すのか（目標設定）

（2）今、部下がどのレベルに達しているのか（現状把握）

（3）これから一人前のレベルになるために、どんなことをしたらいいのか（実行計画）

これらを筋道立てて、提示するのです。

具体的な方法論を教えることなく「早く独り立ちしろ」では、人を成長させるマネジメントとはいえません。むしろ、「自分に面倒をかけさせるな、手を煩《わずら》わせるな」と突き放しているかのようでもあり、部下にいらぬプレッシャーをかけてしまいます。これにはデメリットしかありません。

例えるなら、それはホームランを打てないで苦しんでいる野球選手に「もっとホームランを打て」と声をかけるのと同じことです。

どうしたらそれができるか、わからないから伸び悩んでいるのです。スイングスピードに問題があるのか、選球眼に問題があるのか。「ホームランを打ちたいなら、このコーチについて、こんなトレーニングをしなさい」と具体的に指導しないと、効果が出ません。

具体性を欠いた指示で結果が出たとしても、それはたまたま本人の努力が実ったというだけです。決して上司の手柄ではないのです。

できる上司の新条件 4

部下の「独り立ち」への具体的なロードマップを持っている

NG「困難から目を背《そむ》けないように」

「難しい仕事をやり遂げた」という成功体験は、人の成長を強力に後押しするものです。だから、何があっても投げ出すな。そうすれば、お前は一皮むけるんだぞ。上司は部下に、そう励ましたくなります。でも、これらは本来、自分自身を奮い立たせるための言葉であって、人に言う言葉ではないのではないでしょうか。

これは道徳の話ではなく、人間心理の話です。誰かに「やらされている」と感じている仕事では主体性を発揮しづらく、「何としてもやり遂げよう」とは思えないのです。

昔は誰しも、オフィスや飲みの席で、こう言われたものです。それが尊敬できる上司なら、上司から目をかけてもらえている嬉しさとセットになって、ある程度素直に聞くことができた。だから今の上司もつい言ってしまうのだと思います。

しかしよく思い返してみると昔も、強制的に「やらされた」ことが多かったのではないでしょうか。自分から「やるぞ！」と取り組んだこととは意欲も粘りも違ったと思います。

時代が変わり、上司と部下の関係性も大きく変わりました。そういう中でこの言葉を言っても、部下の心には、昔のようには着地しないのです。合理的な説明を求める世代には、ただの「かけ声」と聞こえてしまうからです。

もし「大変な仕事だけど、この部下にやらせてみたい」と上司が本心から思うなら、実際に、どんな成長ができるのか、どんな経験が積めるのか、メリットを丁寧に説明して、「大変だけどやってみたい」と部下が自らチャレンジしたくなるようナビゲートし、自分はサポート役に徹するのがよいと思います。

やればできるのにやらない部下を見るのはもどかしいものですが、本当にチャレンジしてほしいなら、必要なのはかけ声ではなく、具体的な説明なのです。

ちなみに「困難から目を背けるな！」と言われ慣れているのが、「体育会系」の人たちです。彼ら自身、打たれ強いと自覚しているところが、かえって危険です。上司は良かれと「逃げるな」と発破をかけ、部下も「まだ大丈夫」と頑張り続けた結果、ストレス耐性の限界を超え、メンタルに不調をきたしてしまう。これは避けなくてはいけません。

できる上司の新条件 5 必要なのは「かけ声」ではなく具体的な説明である

NG「チャレンジ精神を持とう」

新しい仕事や、難しい仕事。失敗するリスクが高い仕事。そんな仕事だからこそ挑戦する価値があるというものですが、失敗を恐れるのが昨今の若者でもあります。そんな〝今どきの若者〟を見ると、上司はつい「もっとチャレンジ精神を」と言いたくなります。彼らの欲のなさ、モチベーションの低さをもったいなく思うのです。

しかし、部下がチャレンジしないのは上司のせいだとしたら、どうでしょう。

特に、仕事を任せたきりサポートまで手が回らないケースでは、「失敗した後に叱責する」形になりがちです。

「自分から手を挙げておいて何をやってるんだ。最初から大丈夫かなと思ってたんだ」

「やると言ったからには、結果を出してもらわないと困るよ」

「君に仕事を任せた私の立場はどうなるんだ」

部下にしてみれば、せっかくチャレンジしたのに評価してもらえず、得たものは叱責のみです。これでは二度とチャレンジしたいとは思えないでしょう。

「チャレンジ精神を持とう」と言えるのは、「失敗許容」ができる上司だけです。

もちろん、任せる前に丁寧に指導するのは大前提です。その上で、失敗してもこんなふうにフォローをしましょう。

「これは新しい仕事なんだ。誰にでもできるわけじゃない。その中でよく挑戦してくれた。本当に素晴らしいと思うよ」

「どこを改善すればいいか学ぶこともできたのも大きな成果だね」

「わからないことは人に聞いて、残業もしていたのを見ていたよ。あなたが未経験のことに対しても尻込みしたり適当に最低限の仕事でお茶を濁したりせず、しっかり努力できる人だということが、あらためてわかったよ」

失敗したことも含めて、チャレンジを評価する。部下の頑張りを認める。これならチャレンジする怖さは軽減します。次の機会にいち早く手を挙げるのは、前回失敗した部下自身かもしれません。今度こそ上司の期待に応えたいと、頑張ってくれるはずです。

できる上司の新条件 6

部下のチャレンジ精神は上司の「失敗許容」にかかっている

NG「人の2倍努力してみたら?」

人員も、納期も予算もギリギリのところで動いているのが昨今の日本企業です。何をするにも、効率的、効果的でなければ、上司も部下も疲弊するばかりです。

努力するなら、何をどのぐらい頑張るのか、具体的に考える必要があります。部下を指導するなら、その努力の中身を具体的に指導しなければならないのではないでしょうか。そう考えると、「人の2倍」といった曖昧な指導は避けたいところです。

例えば、営業成績が上がらないというとき、どんな原因が考えられるでしょう。顧客を前にして商品説明をするスキルがないのか、それとも製品知識がないのか、クロージングに持っていくスキルがないのか。部下に何が足りないのかわからないまま努力を強制したら、的外れの努力で時間を浪費させてしまいます。昔と違い、そういう余裕は業種・職種問わずなくなってきています。

そこで必要なのは、努力を押し付ける前に、まず確認です。

「今、あなたはどんなところが足りないと思っている?」

「私の目には、こんな努力をしているように見える。でも一方では、ここの努力はまだ手付かずのようだけど、それについてはどう思う？」

そんなふうに、部下本人の考えとすり合わせる作業をします。

本質的な問題がどこにあって、何が部下の成長を邪魔しているのか。これらを丁寧に確認するのが、これからのマネジメントです。

忙しい毎日のこと、その手間を省きたくなる気持ちはわかります。

でも、少しだけ先のことを考えてみましょう。今わずかばかりの手間を惜しんだせいで、部下の努力が実を結ばなかったら、結局のところ、時間を奪われるのは部下のフォローにあたる上司自身です。さらに上の上司から自分が責任を問われるかもしれません。

最初にほんの5分でも部下の努力の中身を吟味しておけば、近い将来上司の仕事を楽にしてくれることにつながるのです。

できる上司の新条件 7

「どんなスキルを、どうすれば身につけられるか」を具体的に指導するのが上司の仕事

NG「結果がすべてだよ」

職業人生の中でいったい何度耳にする言葉でしょう。２００回、３００回、あるいはもっとかもしれません。

しかし、よくよく考えてみれば、「結果がすべて」とは、実に危険な言葉です。というのも、結果を重んじるあまり、結果を取り繕《つくろ》うようになるのです。顧客に対して隠しごとをしたり、不正を働いたりするのも、「結果さえよければいい（プロセスはどうでもかまわない）」という考えに端を発しています。

現実は、逆です。最善の結果は、最善のプロセスの後についてくるものです。

ですから上司にとっても、結果をどうこう言うより、部下が仕事をするプロセスをチェックするほうが重要です。「部下に仕事を任せる前に、何をどうしたらいいのか、どこに注意すればいいのか、具体的に指導する時間を5分でもとることが大事だ」と私が考えているのは、そのためです。

ビジネスにおいては、プロセスほど大切なものはないのです。結果はあくまで、最善のプロセスが成果として表れたものにすぎません。プロセスを見ず、結果しか見ない上司のもとでは、部下もプロセスを磨く努力を育てられないでしょう。

もちろん、よい結果そのものは、称賛されるべきことです。

ところが残念なことに、「結果がすべて」という言葉は、上司が部下を叱責する文脈でしか聞くことのない言葉ではないでしょうか。

本当は、よい結果を残した部下にこそ、

「素晴らしい成果を上げてくれたね！」

「こんなプロセスで、君がこんな努力をしたからこそ、結果が出たんだね」

と、言葉をかけてあげたいものです。

できる上司の新条件 8

プロセスこそすべて。最善の結果は、最善のプロセスの後についてくる

NG「常に前を見よう、後ろを振り返るな」

部下が何か失敗したとき、あるいは望まれない結果が出てしまったとき、「過去を引きずらないように」との配慮から、上司が口にする言葉です。確かに、過去のことを思い悩み過ぎず前を向くことは、仕事の手を止めないためにも、ストレスを抱え込まないためにも大切かもしれません。

ですが、この一言でカタをつけようというのは、少し乱暴かもしれません。これは、過去を振り返る冷静さを失わせる恐れのある言葉だからです。

過去を整理し、次に生かしていくには、しかるべきプロセスが必要です。

「あんな失敗をして顧客に迷惑をかけた。なんであんなことをしたんだろう」

そんなふうに悔やんでいる部下の視点を、まずは未来に向けてやることが大切です。

例えば、こんな言葉をかけてあげたら、どうでしょう。

「確かに今回はうまくいかなかった。でもどこを改善したらいいのか、学ぶことができたんじゃないかな。それを次に生かしていこう」

失敗経験を次につなげられるよう、部下の背中を押しましょう。「常に先を見よう」という言葉の真意は、そこにあるはずです。その説明を怠り、「過去にとらわれるな」「前だけを見ろ」だけでは、抽象的すぎます。「失敗を次に生かすべき」という大切なメッセージも、部下には伝わりません。

ここまでお読みいただいた方はお察しのことかと思います。部下たちにとって、従来型の上司の言葉は「抽象的で、精神論的」であるということです。

上司たちには、その自覚はまったくないかもしれません。彼らが若手だった頃、まさにそのような言葉で指導されてきたし、上司の親心を感じられる時代背景があったからです。そのためつい、「なぜ俺たちと同じようにできないんだ？　まったく最近の若いやつらはナイーブで…」と決め付けてしまいがちですが、時代は変わりました。

具体性のない「かけ声」でどうにかなる時代ではなくなったという認識を持てているかが問われているのです。

できる上司の新条件 9

「振り返りを促《うなが》してから次に生かす」が正しいプロセス

コラム①

資格について

本書には、カウンセリングやメンタルヘルス、ハラスメントなどの専門知識がたびたび登場します。

マネジメントを学ぶにあたって、それらが必須とはいいませんが、その知識があれば、マネジメントの質を高める助けになります。

私は、通常のカウンセングも、キャリアカウンセリングも学びました。1年かけてカウンセラーの資格を取り、4～5年かけて上位資格を取得、さらにカウンセラーを育てる実技指導の資格を取った上で、実務経験も積んでいます。関連するものはどんどん吸収するつもりで枝葉を広げてきました。加えて、モチベーション、メンタルヘルス、ハラスメント対策を学び、精神医学を学びました。

わざわざ、私と同じことをする必要はありません。本書はそれらのエッセンスを1冊に凝縮しているからです。

しかし「もっと学んでみたい!」という方は、カウンセリングでもメンタルヘルスでも、ひとつを深掘りしてみると面白いと思います。

2章　上司の負担が7～8割減る「最初の5分」のアプローチ

NG 振った仕事は部下に任せ、何かあったらケアする

従来型の上司は、部下の仕事が終わった後に「指導」します。

新しい時代に成果を出す上司は、仕事を部下に任せる前に、指導します。

前か後か、たったそれだけの違いですが、そこにかかる労力には大きな差があります。

どんなに忙しくても、「仕事の前に」指導したほうが、ずっと効果的、効率的です。

その際のポイントは、可能な限り具体的な説明をすることです。その仕事が持つ意味や、どのレベルのクオリティを求めているのか、会社への貢献度、部下をどんなふうに成長させるか、上司の側にどんなサポート体制があるかなど。

仕事が始まってからも、文字通りの放任ではなく、折りにふれ声をかけます。部下が成果を出し成長できるよう、ときに精神的にも支えながら具体的な指導をしていきます。

理想は、職場で起こりそうな問題を先回りしてケアすることです。

一方、従来型の上司は、必要な指導をすべて後回しにしがちです。「丁寧に指示する余裕がない」「一人でやらせないと依存的になる」と、ほとんど部下任せ。結果、仕事はうまく

いかず、それを見て遅ればせながら介入し、部下への「指導」を始めます。そのときの口調は、ほとんど叱責に近いものです。

「なぜもっと前に相談しなかったんだ！」「なんでここまで放っておいたんだ！」

でも本当は、上司が最初に指導しておくべきだったのではないでしょうか。「最初に指導せず、任せた後にトラブルが起きたら指導の名のもとに叱責する」のでは、効率が悪すぎます。結果的には「悪しき放任」ということになってしまいます。

問題が起きてから解決する手間が「10」かかるなら、それは多くの場合、仕事を任せる段階で「0・5」程度の指示しかしなかったからではないでしょうか。最初から「2〜3」程度の指示をしておけば、問題そのものが発生しないことが多いのです。

後になって問題解決に数時間かけるぐらいなら、最初に5分、手間をかけましょう。「こんなプロセスで進めてみよう」「この段階で一度報告してほしい」等々の説明をするだけでいいのです。「任せてみる」のは、その指導が終わってからです。

できる上司の新常識 *1*

「仕事を振る前」にしっかり説明するほうが7〜8割、負担が軽くなる

NG 「命令、強制、処罰」で結果は出せる

指導といったら、命令、強制、処罰。あるいは「悪しき放任」、そして結果が出なかったら責任放棄――そうした残念なマネジメントは、なぜこれまで曲がりなりにも続いてきてしまったのでしょう。

正確にいえば、日本経済が右肩上がりだった時代は、そうしたマネジメントが当たり前に行われていたのです。会社が順調に成長しているうちは、従来型の上司も結果を出し、評価を得ることができました。あるいはさしたる成果を出さなくても、年功序列で昇進できました。

人員にも時間にも今よりも余裕があった時代は、成果が出ていなくてもあまり問題にならなかったという側面があります。

しかし、世の中が先に変わりました。

終身雇用制、年功序列がなくなり、給与は上がりません。正業についていても、将来に

対する希望が持てないという人が増えました。

学校教育においても「褒めて伸ばす」のが当たり前。少子高齢化により労働力人口は減り続け、人材確保も容易ではありません。

そのような環境で、マネジメントだけが昔ながらの高圧的なスタイルのままというわけにはいかないのです。


企業間競争の激しさも、10年前、20年前の比ではないのです。昔、「大量生産」といえば7億人市場を指していました。それが今や大量生産といえば40億人市場です。グローバル化、ＩＴ化は極限まで進み、限られた人員、限られた予算、短納期という条件下でも最高の品質を提供できなければ、お客さんは納得してくれず競合に流れていきます。

加えて、昔ならさして問題視されなかった「たったひとつ」のコンプライアンス違反やパワハラ、セクハラがＳＮＳやメディアで一瞬で拡散し致命傷になります。


こういう時代状況の中でギリギリの戦いを強いられているときに、従来型の上司の存在が、どれだけ足枷《かせ》になることか。

古いマネジメントに嫌気がさして従業員が会社を辞め、ただでさえ貴重な戦力がダウンするかもしれません。辞めないまでも、メンタル不調をきたし休職するかもしれません。職場で普通に働いているように見えても、「自分から主体的に動こうとしない」「同じミスを何度もくり返す」など、パフォーマンスを落としているかもしれません。


今、会社の中の様々なレイヤーに、残念な上司がもたらす弊害が蓄積しています。それは会社の業績に対してもマイナスの影響を及ぼすに違いありません。昔ながらのマネジメントが残る職場と、正しいマネジメントにシフトした職場、どちらがよい業績を上げるかといったら、結果は歴然としています。

もっとも、「このままではまずい」ということは、マネジャーの多くは気がついています。そのかわりとなる、新しいマネジメント手法がまだわからないという人が多いのではないでしょうか。講演の最初、かたく腕を組み、こちらを睨《にら》み付けんばかりの上司の方々が、新しい時代に求められるマネジメントについてお話を進めるうちに、腕をほどき、真剣に聞いてくださるのを拝見すると、つくづくそう思います。

「昔はこのマネジメントでよかったじゃないか」というのは、確かにその通りなのです。
しかしそれが通用しなくなるほど、会社と上司が置かれた環境は変わってしまったということを早く認め、適応しなくてはいけないと気がついた人が、部下としっかり心を通わせられる時代に入っているのです。

できる上司の新常識 2

「余裕があった時代」のマネジメントでは結果を出せない時代に変わった

NG 仕事のためなら厳しい指導も許される

上司としてのミッションは、昔も今も変わらず、自部門の業績を上げ続けるということです。違うのは、マネジメントの手法です。

これまでが「命令、強制、処罰」で部下を動かすやり方だったとしたら、これからは部下が主体的に、やりがいを感じながら働くためのマネジメントです。部下に成果を上げることを強制するのではなく、上司も成長しながら部下と共に考えていくマネジメントです。「業績を上げるためなら何をしてもいい、部下が強いストレスにさらされても知ったことではない、仕事とはそういうものだ」というスタンスは、今後は「上司としての役割を放棄している」としか評価されなくなっていきます。

2018年、レスリングやボクシング、体操、アメフトなど、アマチュアスポーツ界のパワハラ問題が次々に世間を騒がせました。監督やコーチにとってのミッションも、上司と同じで、チームや選手が最大限のパフォーマンスを発揮してよい成績を残すことにあるはず。しかしいずれの事件でも上司は自分の権力を盾に部下に強制、命令し、ひどいケースでは恫喝し、表面化すると「部下の責任」としました。従来型の上司の最悪の事例です。

命令や強制ではなく、部下が主体的に動けるようサポートするマネジメントをする際に頼りになるのは、精神論や根性論ではなく、例えば科学的なエビデンスです。

部下のモチベーションを高めたいなら「仕事を放り出しちゃだめじゃないか」「やる気がないなら帰っていいよ」などと叱責するのではなく、そもそもモチベーションには段階があることを理解し、その段階を上げる工夫をしなければなりません。

「報告・連絡・相談」を怠る部下がいれば、「なぜもっと早く相談しないんだ」と非難するより、部下が進んで「報告・連絡・相談」したくなる関係づくりに努めたいところです。

「なぜ上司が部下にすり寄らなきゃいけないんだ」という声が聞こえてきそうですが、誤解しないでください。部下を甘やかしたり、チヤホヤしているわけではありません。これが最短最速で、最大限の成果を期待できるマネジメント手法だからこそ、おすすめしているのです。

できる上司の新常識 3

「根性論、精神論」から科学的なマネジメントへ

NG 上司と部下の人間関係は部下しだいである

上司と部下の人間関係づくりも、あらためて考える必要があります。

これからのマネジメントは、上司と部下が共に学び、成長していくマネジメントです。それには、

「この上司のためなら、頑張れる」

「この上司の期待にはなんとしても応えたい」

「転職するよりも、この上司の下にいるほうが成長できそうだ」

と思ってもらえるような、信頼や尊敬で結ばれた人間関係の構築が欠かせません。

部下に求める人物像があるなら、上司が率先して体現してみせる姿勢が大切です。

挨拶《あいさつ》ひとつにも、それは表れます。部下は上司を見て育ちます。

「みんなに挨拶しなさい、名前を知ってもらいなさい」

「自分からどんどん話しかけなさい」

と命じておきながら、自分からは決して部下に挨拶しないようではまずいわけです。言葉と行動にギャップがある上司は見限られてしまいます。

もっとも、「こうすれば人間関係は深められる」という、お手軽なテクニックがあるわけではありません。あえていうなら、誰に対しても誠実であること。部下の頑張りを認めること。相手の気持ちを思いやること。そうした心がけと日々の実践が人間関係を深化させていきます。誠実であるとはどういうことか、その具体的なところはのちの章でご説明していきます。ここでは「部下との人間関係の構築が上司の仕事に含まれている」ということをご理解いただきたいと思います。

従来型の上司は、部下に誠実さを求めていながら、そんなつもりはなくても結果的に、自身は命令、強制、責任放棄といった態度になっていたのです。ここを改めないと言葉と行動のギャップが埋まらず、部下も上司の言葉に耳を傾けようとはしないでしょう。

誠実であればこそ、部下一人ひとり、接し方も変わるのが自然です。

8人部下がいたら、8人分のキャリアデザインを考え、それぞれのキャリアステージや目標を把握します。部下のやる気は、この手間ひとつにかかっています。

本当に優秀な上司は、仕事を指示する最初の段階ほど丁寧にやります。部下の能力に応じて、口出しを少なくしたり任せたりしますが、完全な放任はせず、できる限りのマネジメントを心がけます。

ときには挑戦的な態度をとってくる部下もいるかもしれません。例えば、

「そんな仕事する余裕はないですよ。ほかに適任がいるんじゃないですか」

「じゃあ、今抱えている仕事はやらなくていいんですね」

多くの場合、こんなふうに部下が反発するのは、上司の説明に合理性が欠けているケースです。また「こいつだったらイヤとは言わないだろう。どうせ暇だろうし、気が弱いところもあるし」といった下心が上司にあれば、部下は敏感に察知するでしょう。

いずれにせよ、説明を面倒くさがり、「いいからやれ」と押しつけているうちは部下は納得しません。その部下に仕事を任せるという判断に至った経緯を説明することが大切です。

「仕事の配分を見たら、君にはまだ余力があると思ったから」

「前回の仕事でこれだけの成果を出してくれた。今回はさらに難易度が高いけど、君の能力と経験があればきっとできる。新しいスキルも身について、成長できるはずだ」

「そのスキルは、3〜4年後にリーダーになったとき、きっと役立つよ」

ここまで説明すると、なぜ自分がその仕事を任されたのか、部下も納得し、「やらされ感」がなくなります。

これも普段から部下一人ひとりの仕事ぶりを見ていなければできないことです。

こうした説明を聞くと「上司というより、まるで優秀な家庭教師のようじゃないか」とびっくりされるかもしれませんが、そのイメージはある意味正しいと思います。これからの上司は、部下一人ひとりと向き合い、彼らの成長に責任を持つ「家庭教師」になることがひとつの目標です。

これもまた、「甘やかし」「部下に媚《こ》びる」ではありません。マネジメントを科学するなら、自然とこうした手法に落ち着きます。最初に「思いやる」からこそ、部下は安心して仕事ができるし、上司の期待に応えようとモチベーションが湧いてくるのです。

できる上司の新常識 4

部下との人間関係の構築は上司の仕事である

コラム②

私の原体験

実は私も、以前は「従来型の上司」でした。企画部門の管理職として、数人の部下をまとめていたときのことです。

かなりスパルタ的な指導をしていました。部下に企画を考えてもらうときも、10ある要素のうちの1～7までしか説明せず、それでいて「ここまで教えれば、100ぐらいの完成度の企画書が上がってくるだろう」と振っていました。

これではうまくいくはずもなく、実際には30～40の完成度の企画書が締め切りギリギリになって上がってくるのです。そのたびに私は「これで企画書といえるのか？」と厳しく叱責しました。

そのせいでチームにはいつも、ピリピリした緊張感が流れていました。

そんなある日、アシスタントの一人に指摘されました。

「もっと部下の話を聞いてください」

「たまには部下のことを褒めてください」

それを聞いた私は、

「なんでまともな仕事もできないやつを褒めてやらないといけないんだ！」

と思いました。

でもそのアシスタントに何度か指摘されるうちに、「そんなに言うなら、一度徹底的に部下の話を聞いてみようじゃないか」と思い立ったのです。どうせなら本気でやろうと、人の話を聞く専門家である「カウンセラー」の技術を学び始め、資格も取得しました。

すると、部下の仕事ぶりが一変しました。

私がしたことは「人の話をしっかり聞く」「人の気持ちに思いを馳《は》せる、尊重する」ということだけです。企画書を頼むときには、自分が期待するクオリティやスケジュール、また自分のその企画に対する思い入れを伝えるようにしました。また、そうした説明に対して部下がどんな気持ちを抱いたか、たずねるようにしました。

すると「こういう理解でよろしいでしょうか」と、部下のほうから私の説明不足を補ってくれるようになったのです。

できてくる企画書の完成度も期待以上のものでした。A４の紙１枚で十分なところを４～５ページもある企画書を全員が提出してくれるようになりました。「ここまでしてくれなくてもいいよ」と心配になったほどです。

しかし、おかげで私の部署の業績はどんどん伸びていきました。それにつれて部下の顔は生き生きとし、私の仕事は楽になっていったのです。

「マネジメントに本気になればなるほど上司の仕事はむしろ楽になる」ということを学んだ、私の原体験です。

3章

「たった1秒のメンタルケア」で もっと強く言える

NG 「メンタルヘルス対策」は部下を甘やかすだけである

研修や講演でメンタルヘルスやハラスメントの話をすると、100パーセント「部下を甘やかせというのか」という反論がありますが、これもよくある誤解です。

今も昔も上司の役割はしっかり業績を上げること。そのために、最短最速で部下を成長させ、モチベーションをアップしてもらう。メンタルヘルス対策もハラスメント対策も、その一環です。

安心して働ける環境を作れば、「この会社で働き続けたい」という帰属意識が生まれます。自らのキャリアデザインを考え、足りないところを補う努力もするようになる。その結果、業績も上がる。このような好循環を生み出すために、できる限りのマネジメントをすることが、これから求められている上司像なのです。

メンタルヘルス対策を「甘やかし」だと感じている方には、発想を逆転させてみていただきたいと思います。メンタルケアを十分にすれば、もっと強く言えるのです。ケアをしない上司が強い言葉を使うから、部下のメンタルが不調をきたしたり心が折れたりするのです。
例えるなら、会社の業績を作る部下たちは、最前線で戦う兵士です。

「あそこが、敵の銃弾が飛んでくる最前線だ。そこに全身全霊で突っ込むのがお前たちの仕事だ。前だけを見ろ。銃弾の補充や援護射撃など期待するようでは甘い。救護兵もいないから負傷はするなよ。さぁ俺は後方で見ているから行ってこい」という司令官のもとで、兵士は戦えるでしょうか？　逆に、情勢が悪くなれば後ろから援護射撃をする、怪我をしたら救護兵を必ず助けに行かせるという司令官がいたら、勇気を持って前線に向かえるのではないでしょうか。

苦手を克服してほしい、もっとチャレンジしてほしい、もっと成長してほしいと願えばこそ、上司は本気のメンタルケアをするべきです。

それは決して部下を甘やかすためではありません。

できる上司の新常識 5

メンタルケアを十分にすれば、甘やかすどころか、もっと強く言えるようになる

NG リスキーだからメンタルケアにはタッチしないに限る

本気のメンタルケアといっても、それは必ずしも、メンタルヘルスやキャリアデザイン、モチベーションといった専門知識を学びましょう、という話ではありません。

メンタルヘルスの深刻化を防ぐのは、たった1秒の思いやりです。

例えば、仕事中に辛そうな表情を見せた部下をスルーせず、「どうだ?」と一言、声をかける。その、たった1秒の思いやりがあれば部下は安心し、胸中を打ち明けてくれるでしょう。それだけで、ストレスをため込んだり、メンタルに不調をきたしたりといった事態を、未然に食い止めることができるのです。

メンタルヘルスの問題には、レベル感があります。最初は、ため息が増えた、悩みを抱えていそうな顔をしている、といった小さな異変から始まります。この段階なら、面談で悩みごとを聞くだけでも効果はあります。

しかし、それを放置していると、「今すぐ専門家の力を借りなければ命を救えない」というレベルに深刻化していきます。

それほどの危機に至るまでには、深刻化を防ぐチャンスがいくらでもあったはずなのです。それをスルーしてしまったから、危機が迫ってきた。もっと早い段階でケアができるなら、専門知識は必ずしも不可欠ではありません。むしろ専門知識がなければ何もできないと思うほうが危険です。

必要なのは、今日から「たった1秒」でいいので、部下に思いを馳せることです。

メンタル不調のサインは、職場の至るところに潜んでいます。しかしそのサインは、普段から部下のことを観察し、その気持ちを思いやる習慣のある人間にしか発見できないものです。「どうだ?」と声をかけられるのも、そんな人間だけです。

どんな知識よりも、思いやりが大事。私は、この1点をご理解いただくために、研修中も2時間は費やします。

できる上司の新常識 6 専門知識がなくても「たった1秒の思いやり」で異変に気づければ深刻化を防げる

NG「うつ」については一通り知っているつもりだ

部下がどのくらいストレスをためているか、上司としては気になるところですが、「今どきの若者は○○だ」という前提知識があると、よりスムーズです。

マネジメントをする立場として、現代の若者像を理解するときに押さえておきたいのは、ストレス耐性の低い若手が多くなっている、ということです。

もしかすると、現在40～50代の上司世代がタフだと言ったほうが、実態に近いのかもしれません。彼らは、今よりさらに多かった「従来型の上司」に、まるで雑草のように踏みつけられて育ちました。それは今の若い人たちには想像もつかないぐらい壮絶な環境です。

私など、それこそ「踏まれっぱなし」だったと思います。それと同じ感覚で若い部下と接したら、彼らの心は簡単に折れてしまうでしょう。

ですから、メンタル不調の兆しも、早めにキャッチしなければいけません。

「悩みがあるなら相談に来て。話してくれないと何もアドバイスできないよ」ではなく、そもそも相談しやすい雰囲気や人間関係を醸成しておくことが不可欠です。

こうした若手を指導する立場にあるならば、どのようなメンタル不調があるのかについて、基礎知識を押さえておく必要があります。

メンタルヘルスの問題の中心は、やはり「うつ」です。そこで今何が問題になっているかというと、客観的な診断が行われていないことです。

日本の心療内科や精神科では、米国の精神医学会から出ている「ＤＳＭ（精神疾患の分類と診断の手引き）」という診断基準にのっとり診断が行われています。

簡単にいうと、9つある症状のうち「憂鬱《ゆううつ》さ」「喜びを感じない」のどちらかが当てはまり、なおかつ、ほかの症状と合わせて5つが当てはまり、2週間継続するとうつ病が確定します。

しかし、一口にうつといっても、様々な病態があります。

例えば、うつ病と診断されるほどの重たいうつ状態ではなく、軽い症状が2年以上継続するような病態もあります。それが気分変調性障害という疾患名になります。何らかのストレスを受けてメンタルに不調をきたすのですが、4～5日で元に戻ることもあります。「新型うつ」という病態の中には、この気分変調性障害も少なくないでしょう。

気分の変調が元に戻らないまま症状が重くなり、長引くようだと、自分や周辺の人間が異変に気がつき、病院にかかるというルートをたどります。これがよくあるうつ病エピソードですが、気分変調性障害は症状が軽い分、病院にかからないまま症状が2年以上続くこともあります。あるいは症状が一度なくなっても再発することがあります。

気分循環性障害という病態もあります。これは、軽いうつと軽い「躁《そう》」（気分が高揚する状態）をくり返す病態です。

また、重いうつと重い躁をくり返す場合は、2つの極性を持っているということで双極性障害（躁うつ病）という診断が下ります。このうち躁が大きいものをⅠ型、小さいものをⅡ型といいます。

こうして病態を並べてみると、ひとつの問題が明らかになります。それは、うつ病、気分変調性障害、気分循環性障害、双極Ⅰ型Ⅱ型のすべてに、「うつ症状」が含まれているということです。

ところが、現在の診断書がどうなっているかというと、気分変調性障害と書かれた診断書も、双極性障害型Ⅱと書かれた診断書も、ほぼありません。「うつ症状がある」「うつ状態が認められる」と書かれるのみです。つまり、病態を特定できないのです。困ったことに、病態によって治療法は全く異なります。

例えば、うつ病なら抗うつ薬を処方するのが基本です。しかし同じうつ症状でも、双極性障害のうつ症状に抗うつ薬を処方したら、「躁転」といって、躁がひどくなる恐れがあります。双極性障害の治療には抗うつ薬ではなく、うつと躁の落差を縮め、気分を安定させる薬を使わないといけません。

そんなわけで最新の知見では、これまで「気分障害」としてひとつにくくられていた病態が、抑うつ障害群と双極性障害群の2つに分けられました。しかしそれでも、「うつ」という言葉でひとくくりにされる風潮は残っています。

私が言いたいのは、「うつ」と診断されたからといって対処法は一様ではないということです。一人ひとりの症状に即したケアをしなければ、メンタル不調は悪化します。もはや「うつ」さえ、ひとくくりにはできない時代なのです。

できる上司の新常識 7

「うつ」の病態はさまざまで、ひとくくりにできない。
メンタルヘルスの基礎知識は上司に必須

NG 何度もうつで休職するのは弱い人である

「メンタルが弱い若手」とひとくくりに理解するのは、上司にとって危険なことです。例えば今、こんな問題が職場で起こっています。

「Aさんは一度うつで休職したけど、今は立派に復帰して活躍している。それなのにBさんはどうして何度も休職をくり返すの？　うつをいいことにサボってるんじゃないの？」

「お前、うつと言えば休めると思ってない？」

これは典型的な、メンタルヘルスの知識を持たない残念な上司の発言です。予後の違いは、人間の強さ・弱さではなく、病態の違いやケアの質が原因なのです。それを理解しないままでは、Bさんを不当に傷つけ、ますます不調へ追いつめる危険があります。

うつ症状からの休職を経て、無事に回復する人がいるのは事実です。

しかし治療を受けて一度は寛解《かんかい》しても、また不調に陥る人もいます。軽いうつ症状を示しながら、病院にかからないままの人もいます。

そして寛解と再発をくり返す人もいます。

現在もさまざまな調査が行われていますが、はじめてうつ病と診断された（エピソードⅠ）人が寛解しても、およそ4割が再発しエピソードⅡに移行するというのが専門家の間で一致している見解です。

それでもおよそ6割が仕事に復帰していることが、「Aさんは治ったのにBさんときたら」という無配慮な発言が生まれる背景となっているわけですが、たまたまAさんは再発しないというだけで「Bさんは弱い」と非難するのは的外れです。

さらにいうとエピソードⅡからエピソードⅢへ移行する割合は7割、エピソードⅢからエピソードⅣに移行する割合は9割だというエビデンスがあります。

つまり、うつは再発をくり返すほど再発しやすくなると、医学的に証明されているのです。ほかの人と比較して、「何度も再発しているBさんは弱い」という話では決してないのです。

できる上司の新常識 8

うつは再発すると、より発症しやすくなる。「再発をくり返す人は弱い」ではない

NG エネルギッシュな部下を見習ってほしい

適切な治療によって完治するなら、うつはこれほど大きな社会問題にはなりませんでした。しかし現実には、一度治っても半分の人が再発し、うつを背負いながら働いているのです。職場から、うつという問題が消えることはありません。

さらに付け加えるなら、うつよりも躁がやっかいなケースもあります。

通常の躁は、ずっと喋り続ける、夜中でもかまわず電話しまくるなど、わかりやすい興奮状態がサインになります。

しかし軽い躁は、一見するとバイタリティにあふれている人、テンションが高い人という印象で、本人も上司も、医者でさえ発見するのが難しいのです。

例えば、プロジェクトが難航して2～3カ月、過剰労働が続いたとします。普通の人なら少なからず疲労を感じるところですが、軽躁のCさんは疲労を感じないまま。むしろ軽躁のおかげで、エネルギッシュに働き続けています。しかもそれが「本来の自分の姿」だと自分でも思い込んでいる。

問題は、職場ではこういう人が「優秀な人」として評価されがちなことです。「Cさんを見てみなさい。同じように残業しているのに、まだまだ元気だ。なんでDさんだけ音を上げているんだ」

「みんな、Cさんを見習おう！」

などと、上司は周りの人間を激励するかもしれません。しかしCさんのバイタリティは軽躁に由来するもの。病気のせいなのです。Cさんに合わせたら普通の人たちは疲弊してしまいます。Cさんだって、そのまま無理を重ねたら、いつ「うつ」に転じるかわかりません。

そんなことが今、職場では当たり前に起こっているわけです。

まずは、こうした現実を知ることが、今の上司には求められています。

そのための教育環境が用意されているかというと、まだまだ不十分です。細かい病態のことは、会社のストレスチェックではカバーできません。メンタルヘルス対策を学ぶ研修を実施しているのも、意識の高い大企業に限られています。また研修といっても1時間から1時間半の研修がせいぜいです。

私は15年前から「メンタルヘルス研修だけで1日かける必要がある」と訴えてきました。なぜなら、「うつ」ひとつとっても、これだけの背景知識を説明するところから始める必要があるからです。

その上で、日々のマネジメントでどうメンタルヘルスケアを取り入れるのか、うつになるまでのメカニズム、部下がうつにならないためにどうすればいいのか等、具体的なアプローチまで学ぼうと思うと、研修にはどうしても丸1日必要です。上司はみな多忙ですが、それだけの価値はあります。上司が正しい知識を得ることで、部下のメンタルヘルスはまるで変わります。

とはいえ現在、99%の企業は「効果的な研修をしていない」と言っていい状態です。若手のメンタルヘルスは、上司個人の双肩にかかっているのです。

できる上司の新常識 9

会社の用意する90分の研修では不充分。本当に必要な知識を得ることが不可欠

NG 睡眠不足は社会人として失格である

「ちゃんと眠れてる？」

メンタル不調のサインは、この一言で読み取ることができます。なぜなら、ストレスからくるメンタル不調は、まず睡眠に表れるからです。私は研修をするときも「睡眠」の説明だけで最低30分は割いています。

「うつ症状をきたしている人のうち、90％以上が不眠に悩んでいる」といえば、私が言っていることが大げさではないことが伝わるでしょう。残り数％も、自覚がないだけで、ほぼ全員「ちゃんと眠れていない」ものと考えられます。

もう少し突っ込んだことをいうと、不眠と睡眠不足を明確に分ける必要があります。両者を混同すると、効果的、効率的なアプローチがとれません。

「残業続きで、睡眠時間がとれない（時間さえあれば眠れる）」というのであれば、これは睡眠不足であって、上司の手腕で改善できます。業務の効率化を図ったり、仕事量を減らしたりと、マネジメントレベルの問題解決で事足ります。

一方、不眠とは「時間があっても眠れない」状態であり、明らかなうつの予兆です。不眠の治療には医学的なアプローチが必要です。

医学的にいうと、不眠には3つの段階があります。ベッドに入って30分～1時間眠れない段階を「入眠困難」といいます。眠れるけれど何度も目が覚める、あるいは目が覚めた後眠れなくなるのは「中途覚醒」。そして、通常よりも1～2時間早く目が覚めてしまい、眠れなくなるのが「早朝覚醒」といいます。このうちひとつでも週4日以上、3カ月以上継続していると「不眠」と診断されます。

いきなりこのような不眠ではなく、週に1～2日、そのうち2～3日と徐々に不眠の道をたどり、その後にうつ症状が表れるのです。憂鬱な気持ちになる、興味や関心がなくなる、魅力を感じない、自分を責めてしまう、集中できない、意欲が低下する、といった症状全般です。こうなると、いよいよ本格的な不眠が始まります。不眠がうつを招き、うつがまた不眠を悪化させるという負のスパイラルです。

逆にいうと、不眠がどの程度かがわかれば、ストレスの強さも手にとるようにわかります。そして、眠れてさえいれば、メンタル不調はまず起こりません。

しかし、本格的な不眠症であればマネジメントレベルで解決できるものではありません。ただちに専門家のアドバイスを受けさせる必要があります。

カウンセリングを受けたり、睡眠指導を受けたり、あるいは睡眠外来で医師に相談するのが最善の手です。睡眠導入剤を処方されることもあります。うつは眠らないと治りません。抗うつ薬だけではなく、睡眠導入剤をあわせて処方されるケースが多いのです。

いずれにせよ、専門家のアドバイスを怠ると、うつは悪化するだけです。


上司の役割はというと、時折、部下の睡眠状態を確認することです。

「ちゃんと眠れてる？　どれぐらい眠ってる？」

「途中、何度か目が覚めたり、朝早く目が覚めたりしてない？」

「ベッドに入ってから仕事のことを考えたりすることはない？」

ストレス過多の時代ですから、医療関係者でなくても、この程度の予備知識は持っておきたいものです。

睡眠不足がわかれば業務負担を軽くするなどして、マネジメントのレベルで解消する。不眠の気配があったら、専門家の指導を仰ぐよう指示をします。会社内に健康管理室があれば、そこに相談に行ってもらうのもいいでしょう。上司が専門的なアドバイスをする必要はありませんが、きわめて緊急性が高い事案であることは覚えておく必要があります。

不眠であれ睡眠不足であれ、「眠れていない」というのは、後に説明しますが、マズローの5段階欲求説でいう「安全欲求」が危機的状況にあることを意味しています。放置すれば、モチベーションアップどころか、不眠からうつを発症し、離職や事故といった事態にも発展しかねません。

いまだに、「若い頃は1～2日の徹夜は軽かったよ。周りもそうだった。根性あるヤツらだった」などと、「寝なくてもやれる自分」を自慢する上司がいるとしたら、残念なことです。

普段の勤務状況からも、部下が眠れているかどうか、推し量ることはできます。例えば早朝に目が覚めてしまうせいで眠く、ついいつもの起床時間近くになって眠ってしまって結果的に遅刻や無断欠勤が増えたり、今まで9時半に出社していたのにフレックスタイムのギリギリの10時半に来るようになったりといった、「なぜ？」と首を傾げたくなるような異変も、不眠が原因であることが多いパターンです。そうでなければ、社会人が無断で遅刻したり欠勤したりするというのは、考えにくいことです。「何かトラブルが起きている」ものだと想定して、急ぎ確認をとりましょう。そのとき、

「どうかしたの、社会人が無断で休むなんて、たるんでるんじゃない？」

「重役出勤とは、いいご身分だね」

などと、責めてはいけません。そんな非常事態にある部下を助けるのが上司の役割なのですから。

もちろん、ストレス過多のサインは他にもあります。食欲がなくなっている、ため息をついている、トイレが長い、離席が多い、ふさぎ込んでいるなど、さまざまです。

何をさておいても、睡眠にこそフォーカスするべきです。

できる上司の新常識 10

メンタル不調はまず睡眠に表れる。いち早く気づき早期対処を

NG ストレスに弱い人が強くなることはできない

「彼はストレスに弱いから、大事な仕事は任せられない」

「彼女は図太いところがあるから、このストレスにも耐えられるだろう」

これらは「ストレス耐性は生まれながらに決まっていて、大人になってからは強化できない」という誤解にもとづいた発言です。ストレス耐性は、高めようと思えば無制限に高められるものです。

基本的には、経験を重ねるごとに、つまり年齢に応じてストレス耐性は高まっていきます。その上昇スピードは一定で、ストレス耐性が下がることはまずありません。ですから10年後あるいは20年後、どのくらいのストレス耐性になるか予測がつきます。そのため確かに、ストレス耐性には上限があるように見えるのです。

しかし、本書のようなマネジメントの本を読んだり、研修を受けたりと、「正しい知識を得る」ことで、ストレス耐性は一瞬で高まります。また、学んだ知識を「正しく実践する」ことで、ストレス耐性の上昇スピードも増していきます。

ここ数年で、ストレスに対する知識は、相当広く知られるようになりました。

20年前なら、メンタルヘルスの基本レベルの知識でも物珍しく、聞けば「そうだったのか！」という驚きがあったかもしれません、しかしメンタル不調が社会問題化して久しい昨今、新聞や雑誌でもストレスが特集されていますし、ネットで検索すればそれこそ無限に知識を得ることができます。私の実感では、ほとんどの方が15年前の産業保健スタッフレベルの知識を持っているように思います。そういうみなさんが今さら通り一遍の研修を受けても、知識量は上がらないでしょう。

しかし、これまで聞いたこともない研修に出会い、「知らなかった！」という新しい知識を吸収すれば、ストレス耐性はいくらでも上がります。本書で紹介している各種の知識、例えば「十分な睡眠をとる」「相談する」「コミュニケーション力を向上させる」なども、すべてストレス耐性の強化に役立ちます。

できる上司の新常識 11

正しい知識と実践により ストレス耐性はいくらでも上げられる

NG 逆境に立たせなければ部下のストレス耐性はわからない

ストレス耐性は成長していくものだと先にお話ししました。それでは、現在のストレス耐性がどの程度か、測る方法はあるのでしょうか。

もちろん、打たれ強い人もいれば、打たれ弱い人もいます。そもそも業務遂行能力が高ければ、ストレスにさらされる機会自体が少ないかもしれません。あの部下は１００、この部下は50とストレス耐性を数字でカウントできたら楽なのですが、そうもいきません。

しかし、これは本人に確認すれば把握できることもあります。といっても、「あなた、打たれ強い？」なんてたずねるわけではありません。

何を確認するかというと、「その部下がどこまで仕事のことを主体的に考えているか」です。主体性と、ストレスに対する打たれ強さ・打たれ弱さは、ほぼ比例しています。

打たれ弱い人は、仕事を自分のものとして完全に「引き受けて」いません。自分がその仕事をする意味や目的を理解しておらず、そのため仕事を「やらされている」感が言葉の端々《はしばし》に感じられます。

主体性のなさは、話の内容がどこか曖昧であることに表れます。

例えば、ゴールのイメージや進捗状況を聞いても、「大体こんな感じ」程度のことしか答えられないのです。結果、困っても相談にやって来ず、ストレス耐性も低いままま。こうした部下には上司も、大きな仕事を任せるのは心配でしょう。

逆に、自分の仕事として責任を持って引き受ける気持ちができている部下の話には具体性があります。何がポイントか、いつまでに何をすればいいか、どのくらいのクオリティが必要か。この仕事を通じてどんなスキルを身につけたいのかなど、はっきりと意識していきます。こういう部下は進捗報告を怠らないし、何か問題があればすぐに相談に来るでしょう。

このようにストレス耐性は、より主体性を育み、主体性はよりストレス耐性を高めていきます。

できる上司の新常識 12

「仕事に対する主体性」とストレス耐性はほぼ比例する

コラム③

「マネジメントに向いていない」という人へ

上司とは、部下の成長を我がことのように喜べる人です。

「自分はいちプレイヤーとして専門性を磨きたい」という気持ちが残っているうちは、「マネジメントなんて……」という気持ちがあるかもしれません。でも、私の見るところ、専門性をあるレベルまで極めた人は、「人を育てる」ことに興味や関心がシフトすることが多いようです。

数兆円規模の売上を誇るグローバル企業のトップたちも、自分の思いを受け継ぐ若者たちを育てることに精力を注いでいるようです。

まだ専門性を極めることに興味が残っている人の中には、マネジメントに対して喜びを感じられない人も少なからずいると思います。でもどうか「自分はマネジメントに向いていない」と決めつけないでいただきたいと思います。いつか、興味の矛先が変わるときが来るかもしれません。そのとき、人を育てる喜びを初めて知るのです。楽しみにしていてください。

4章 「知らなかった」ではすまない
最新・ハラスメント対策

NG 正直なところ、パワハラは自分には関係ないと思う

職場におけるパワハラ、セクハラが働く人にどれだけ深刻なダメージをもたらすものか、数々の悲しい事件をきっかけに理解が加速しているように思います。

それはデータで見ても一目瞭然です。

パワハラを受けた人の8割以上がメンタル面に変調をきたします。パワハラによって人は簡単に、うつになるということです。人を非難する、叱責する、侮辱する、精神的・物理的に攻撃する。パワハラには、人をうつに追い込む要素が凝縮しています。パワハラから遠ざけない限り、うつは必ず悪化します。

セクハラも同じことです。ハラスメントを受け続けて精神が壊れない人はいないのです。

まずはこの事実を重く受け止めましょう。

「ハラスメントなんて気にしてたら、厳しい指導なんかできないじゃないか」

「相手が嫌がったらセクハラになっちゃうなら、もう雑談もできないよ」

残念ながら、日本企業にいまだ根強く残る意見です。しかし、ハラスメントの被害者が

大変な苦痛を感じているという事実よりも、従来型の上司たちの都合を優先する理由があるとは思えません。誰かを犠牲にしても自分の業績を上げようとするといった態度は、もはや通用しない時代に入ったという認識が必要です。

10年前や20年前は、こんなことが当たり前に横行していたかもしれませんが、これからは許してはいけないことであり、これはすでに世界的な風潮です。日本でも海外でも、ハラスメントがきっかけになって社長が辞任する、社員が解雇されるといった事件が起きています。ハラスメントの正しい知識を持たなければ、たった一度の不用意な発言で上司としての立場や社会的地位が危うくなったり、そのような上司を雇用する会社のリスクも増大するのです。

ハラスメント対策は、単なるリスクヘッジではありません。働きがいを感じられる職場環境づくりに直結します。働く人の安全欲求（100ページ参照）を満たし、より高い次元のモチベーションを手にする助けになるのです。

できる上司の新常識 13

ハラスメント対策の知識はすべての上司に必須の時代になった

NG パワハラを気にしていたら部下が甘えるだけだ

「誰が見ても大丈夫、ハラスメントではない」というゾーンがあります。一方では、これは絶対NGというゾーンも、よく知られるようになりました。

問題は「このへんは大丈夫かな？　NGかな？」と判断に迷うグレーゾーンです。「そんなこともハラスメントにあたるのか……」と驚くことも少なくないと思います。

ハラスメントの理解は、こうしたグレーゾーンを減らすことが目的です。

正しい知識と意識を持たない限り、グレーゾーンは減りません。もちろん厳密にはグレーを完全になくすことはありえないと思います。最後は裁判所の判断を仰ぐしかない。それでもグレーを減らす努力は有益なものと私は考えます。

グレーゾーンの一例を挙げましょう。

職場で女性を「○○ちゃん」と呼びかける。

「みんながそうしているから」というのは、判断基準にはなりません。セクハラは、言われた側が嫌だと思えばセクハラになります。また、部下が5人いて、そのうち4人が「○○

ちゃん」と呼ばれているのに、一人だけ「○○さん」と呼ばれ、「なんで私だけよそよそしくされるんだろう？」と感じていたなら、これもセクハラになりえます。「自分はそういうつもりで発言していない」という理屈は、一切通用しません。

結婚した社員に「子供作らないの？」「2人めはいつ？」

これはどうでしょう。昔は当たり前の挨拶かもしれませんが、いまは明確にアウトです。これは「結婚はよいこと」「子供を作るのはよいこと」という価値観の押しつけです。すでに、同性のカップルがいることや、男女のカップルでも子供を産まない幸せを選ぶこともある、ということが認知されている時代です。本当に子供が欲しくてもなかなか恵まれず、多額な費用と経験したことのない人には決してわからない大変な精神的負担をかけて不妊治療を続けている方もたくさんいるのです。そういう方々への、「まだ子供作らないの」の一言が、どれだけ傷つけることになるか。きめ細かい配慮はこれからの上司に欠かせない条件なのです。

「髪切った？　ショートも似合うね」

これも基本的にNGと考えてください。「え？　いくらなんでもそれは行きすぎだろう」と思われるかもしれませんが、別の女性が、「私も髪切ったんだけど、言ってくれない。似合ってないのかな」と悲しんでいるかもしれません。

相手がどのように自分の言葉を受け止めているのかを思いやる気持ちと、「この一言で嫌な思いをする人がいるかもしれない」という視点で考えることが、これからは求められます。昔と違って、いろいろな価値観を持った人がそれぞれの価値観を大切にして生きているということをしっかり認識することが、少しずつグレーゾーンを少なくしていきます。

よくパワハラの問題で「そこまで気にしていたら何も話せないじゃないか。マネジメントなんてできない」「叱りたくて叱ってるんじゃない。甘やかすことになる」と言う上司がいますが、それは理解が逆です。グレーゾーンが減り「ここまでならキツく言ってもいい」というラインが明確になれば、それだけ自信を持ってマネジメントできるのです。それまでは手前のラインで恐る恐るマネジメントしていたのが、自信を持って指導できるようになります。

できる上司の新常識 14

グレーゾーンが減れば、甘やかさず自信を持ってマネジメントできる

NG 怒鳴ったり殴ったりしなければパワハラにはならない

グレーゾーンを減らすためには、どこまでがOKで、どんな条件が加わるとNGになるのか、細かく見ていく作業が有効です。簡単なものからいきましょう。

部下が資料を提出したとき、上司がこう言いました。

「え？　3日もかけてこれ？　こんなの半日程度で終わらせないと仕事進まないよ。それに、あれほど入れろと言っておいたポイントが入ってないじゃないか。これでお客さんを説得できると思ってるの？　今日中にやり直して。まったく、能力ないなぁ」

さて、これはパワハラでしょうか？

前提知識として、次の3つの条件を満たせばパワハラだと覚えておきましょう。

（1）優位な立場にいるかどうか。上司と部下、先輩と後輩、社歴が長い者と短い者、正規社員と非正規社員、顧客と社員、自分と取引会社。これらの関係には優位な者がいます。
(2)それを苦痛と本人が感じているかどうか。それによって就業環境が害されている。これはパワハラ「された」側の論理であり、パワハラ「した」側が「そんなつもりはなかった」としても一切関係ありません。被害者が苦痛に感じれば、パワハラです。
(3) これが最も重要なのですが、業務の範囲内かどうか。厳しい言葉であっても、それが業務に必要なものであれば、基本的には問題ないとされます。
ただし、気をつけなければならないのは、業務の範囲内であっても度を越してはいけないということです。度を越しているというのは、言い換えると、社会的な常識から逸脱していないかどうかということ。業務の範囲内だからといって、やりすぎてしまうとパワハラと認定されます。

これら3条件を頭に入れた上で、例に挙げた上司の言動を振り返りましょう。
(1) 上司という優位性があります。この叱責により部下が苦痛に感じていれば、(2) も当てはまります。残る条件は (3) です。
「3日もかけてこれ?」も、「あれほど入れろと言っておいたポイントが入ってないじゃないか。これでお客さんを説得できると思ってるの？　今日中にやり直して」も業務指導の範囲内だと思われます。口調こそ厳しいですが、ここまでなら、パワハラではないと見なせます。

しかし、最後に一言、言ってしまいました。

「能力ないなぁ」

これは侮辱行為にあたります。この一言で、パワハラと見なされます。そのほかにも同種の侮辱行為として、次のようなものが挙げられます。

「その性格、どうにかならないの」

「だから結婚できないんだよ」

「友達いないでしょ」

「親の顔が見てみたい。どんな育て方されたの」

「だから文系（理系）はダメなんだ」

すべて、業務とは無関係の個の侵害です。これひとつで「1発レッド」、パワハラ認定です。

このように、「なんとなくOK」「なんとなくNG」のレベルを超えて、明確にどこがいけないのか指摘できるぐらいにはなっておきたいものです。

仮に業務の範囲内に言動が収まっていたとしても、度が過ぎていないかという観点も理解が必要です。

先の例は、時間にして10秒もあれば終わる話だと思います。これを3時間密室でネチネチと続けたらどうでしょう。あるいは、わざと周りに聞こえるように説教する。胸ぐらをつかむ。机を叩く。ゴミ箱をける。ドアを乱暴に閉める。

これらはどれも脅迫行為であり、業務範囲を超えています。

ただし業種や職種によって「社会的な常識」がかなり大きく異なる点は、留意が必要です。オフィスワークに関わっていたら、当然ながら暴力などありえないことです。しかし、例えば漁船に乗ったばかりの新人が、ぐるぐる巻きのロープを跨《また》いだとすると、もしかしたらいきなり殴られてしまうかもしれません。もしそれが錨《いかり》を下ろしている最中だったら、ロープに足を絡《から》めとられて、海の底まで引きずりこまれるかもしれないからです。

できる上司の新常識 15

「3つの条件」を満たせば、怒鳴っていなくても「一発レッド」、パワハラである

NG その場ではイヤと言わず後から「セクハラ」はおかしい

セクハラにも、さまざまなグレーゾーンがあります。

「女性には、残業の少ない部署に入ってもらったほうがいいんじゃないか」

これを差別と捉《とら》える女性もいれば、育児などを理由に歓迎する女性もいるかと思いますが、答えはというと基本的にNGなのです。残業の是非は性別で判断されるべきものではないからです。

ただし女性であっても残業はウェルカムだという人もいますし、男性であっても残業を避けたい人もいます。一律に男性だからこう、女性だからこうとは言えません。

では、これはどうでしょうか。

「打ち上げでカラオケにいき、デュエットで盛り上がった」

カラオケでデュエットという行為そのものは、問題にはあたらないでしょう。

ではそこにどんな条件が加わるとNGになるでしょうか。

たとえば身体に手を回したり、相手が嫌がっているのに無理やりデュエットさせたら、これはセクハラであり、上司であればパワハラであると判断できます。

決定的なNGは、このセリフです。


「イヤならイヤと言えばいいのに」


意外かもしれませんが、裁判でも、この一言で致命的に立場が悪くなります。

そもそも今の世の中、立場の低い人が、優位な立場にいる人に「ノー」とは言いにくいという現実があります（日大アメフト問題はじめ、世間を騒がせるパワハラの背景です）。

それでも「イヤならイヤと言えばいいのに」と言ってしまうのは、自分が優位な立場にあるという自覚や配慮なく接している、つまり「イヤだったとしてもイヤとは言いにくいだろう」という認識なく関わっているからということになります。

これは同時に、自分がハラスメントしたかどうかも判断できない状態であることを意味します。その先、いくら身の潔白を訴えたところで、「あなたの主張は、今後聞く価値がありません」と判断されてしまいます。

できる上司の新常識 **16**

下位者が上位者に、イヤでも「イヤ」と言いにくい時代になっているという認識が必要

NG ハラスメントには焦らずじっくり対処すればいい

喫緊《きっきん》の課題として学んでおきたいのは、部下からハラスメントの相談を受けたときの対応の仕方です。

例えば、「接待の席で取引先からセクハラをされた」と部下の女性が報告してきた。このとき上司はどう対応したらよいのでしょう。

まず最悪な例を挙げます。

「大事なお客さんだから、困ったなぁ。それぐらい我慢してもらえない？　大人になってさ」

「君のこれからのキャリアのためにも、あんまり事を荒立てないほうが……」

助けを求めてきた部下に対して、こんなことを口にすれば、接待でのハラスメントなどより、部下が受ける心の傷はよほど深刻なものになるでしょう。

部下が受けたハラスメントを上司が見ないふりをする、放置をする。それは、「部下がセクハラで受けた苦痛など、会社の利益のためなら当然だ。対応するに値しない」という明確なメッセージであり、また「今後もハラスメントを受け続けなさい」という強制ですから、犯罪にも等しい行為です。

しかし残念ながら、ハラスメントを受けた人が周囲に相談したことでかえって精神的苦痛を受けるという「2次被害」が後を絶ちません。

どのような理由であれ、部下からの訴えを握りつぶすような行為はアウトです。

くり返しますが、ハラスメントは人間の安全欲求（100ページ参照）を脅かす危険な行為です。訴えを真摯に受け止め、然るべき措置をする以外の選択肢はありません。

それも、その日のうちに、です。「2〜3日中」では手遅れだと思ってください。

なぜなら、ハラスメントは最も優先順位の高い危機対応だからです。上司部下の関係の中にとどまる問題ではなく、社をあげて対応する必要があります。

日本ではまだ、部署内の問題という理解が大半で、組織として動くという認識が甘いように見受けられます。もちろん現実には、これから出張だから、多忙だからといった理由で、その日のうちに対応するのが難しいこともあるでしょう。

しかし、それならそれで、

「しっかり対応することを約束します。しかしこれこれの事情で、今日はどうしても動けない。明日の午前中に上司に相談しますが、よろしいですか？」

などと事情を部下に説明しましょう。

もうひとつ忘れてはならないのは、本人の同意をとることです。

適正な手順にのっとり会社として加害者に抗議してほしいと思っているのか、それとも、慰謝料を求める裁判を起こしたいと思っているのか。

その仕事から外れたいのか、それともハラスメントが二度と起こらないようにした上で、自分は同じ仕事を続けたいと思っているのか。

あるいは、自分の精神的苦痛を上司に理解してほしいだけなのか。自分が会社に相談していることを加害者に知らせないでほしいと思っているケースもあります。

そのように、何を要望しているのかを確認しないまま話を進めてしまうと、気がついたら話が社内に広まってしまい、

「上司の胸に留《とど》めてもらって、できれば自分は仕事を続けたかったのに。こんなに知られ

てしまったら、もう会社にいられない、辞めるしかない」というケースもあり得るのです。

相談者が何を望んでいるのか、その場で確認する。それが相談対応の鉄則です。

そのときの上司の対応如何《いかん》で、その後の状況は大きく変わります。最初は「加害者をクビにしてもらわないと困る」「訴訟も考えています」「本人に賠償を求めたい」と言っていた被害者も、上司が真摯に訴えを受け止め、対処を進め、その進捗も報告し、加害者に対して抗議するなり罰則を与えたりと組織的にしっかりとした対応をすることで、「もう十分です」と事態が収束することも、よくあります。

いずれにせよ、その日じゅうの対応が大切です。それは「あなたの辛さを重く受け止めています。絶対に蔑《ないがし》ろにしたり、泣き寝入りはさせないから安心してほしい」というメッセージであり、メンタルケアのひとつでもあるのです。

しかし現実には、一週間たっても上司や会社が動かないというケースもあるようです。不信感を募《つの》らせた被害者が「あの件、どうなったでしょうか」とたずねてようやく、「あ、それね、進めようと思ってるんだけど、みんな忙しくて。今週時間とるから」

といった回答が返ってくる。「この上司じゃダメだな」と見限られる瞬間です。

上司に頼れないなら、会社の中の相談窓口や、通報制度に頼るしかありません。そこも機能しないとなったら、最終的には労働局に駆け込むことになります。

いま、労働局に相談されるハラスメントは、年間7万件にも上ります。

驚くべき数字ですが、これさえハラスメント全体の氷山の一角にすぎないでしょう。労働局は、上司や会社に助けてもらえなかった被害者たちの最後の砦です。それが7万人もいるとしたら、社内通報制度の段階で解決している層がさらに数倍、上司に相談して解決している層がさらに数倍、そしてさらに、解決を諦めてしまった人がその何十倍もいるはずです。

ハラスメント被害は、すでに何百万人という規模に広がっているのです。

できる上司の新常識 17

セクハラ、パワハラへの対処の着手は「その日のうちに」が鉄則

5章

「言われなくてもできる部下」になるモチベーション・アップの方法

NG 「やる気」があるかないかは部下の資質で決まる

「部下のやる気」は、いつの時代も上司の悩みのタネです。

上司がやいのやいのと強制することなく、部下がなんでも自主的に動いてくれたら、上司の仕事も楽になるというもの。

ですが肝心の、彼らのやる気のスイッチはどこにあるのでしょう。それも「何がしたいのかよくわからない、今どきの若者」が相手になると、従来型の上司たちは途方に暮れるばかりです。

モチベーションが高く前向きに仕事に取り組む部下と、不平不満ばかりのモチベーションが低い部下。そこにはどんな違いがあるのでしょうか。

答えは、「欲求のステージ」の違いです。

人間のモチベーションというのは、大きく5つの段階に整理できます。「今どきの若者」だろうと、社歴数十年のベテランだろうと、そこは変わりません。

ここで登場するのが、「マズローの欲求5段階説」です。ビジネス書を何冊か手にとったことのある方なら、「見たことあるな」と思われる、お馴染みの図かもしれません。

マズローは、人間の欲求は5段階のピラミッド構造をしていると考えました。そして、低次の欲求が満たされるとより高次の欲求を満たすよう求める、というのです。

5段階のうち、部下がどのステージで働いているか、仕事の進め方や会話から推し量ることができます。これが部下のモチベーション・マネジメントに使えるのです。

ここでのポイントは、「仕事に向かうモチベーションは、ピラミッドの上にいくほど高くなる」ということです。しかし、上のステージの欲求を手に入れるには、下のステージの欲求から一つひとつ満たしていく必要があります。

したがって上司の役割は、まずは部下がどの欲求のステージにいるのかを知り、さらに上のステージの欲求へと導いてあげることになります。

どういうことか、具体的に見ていきましょう。

できる上司の新常識 18

人間にはやる気を出せる「前提」「順序」がある

NG ハラスメントの多くは上司と部下の「好き嫌い」の問題

マズローの欲求5段階説のピラミッドの、いちばん下の層は生理的欲求です。これは、食べたい、飲みたい、眠りたいといった、人間の生命維持に欠かせない欲求を指します。

職場で生理的欲求が脅かされる場面として、一番深刻なのは睡眠不足です。

例えば、過重労働によって恒常的に睡眠時間が不足していると、生理的な欲求の段階にモチベーションが留まり、それ以外のことが考えられなくなります。どんなに魅力的な仕事が待っていようと報酬が高かろうと、睡眠不足では仕事どころではないのです。睡眠不足は心身の健康を脅かす危機的状況ですから、「すぐに眠らせ、毎晩きちんと眠れる生活にさせる」以外に改善の手はありません。

生理的欲求が満たされると、次に安全欲求が現れます。これは身の危険を避け、安全な状態を保とうとする欲求です。

たとえば、高所や工場での仕事などでは、この欲求が脅かされることがあります。もっ

マズローの欲求5段階説

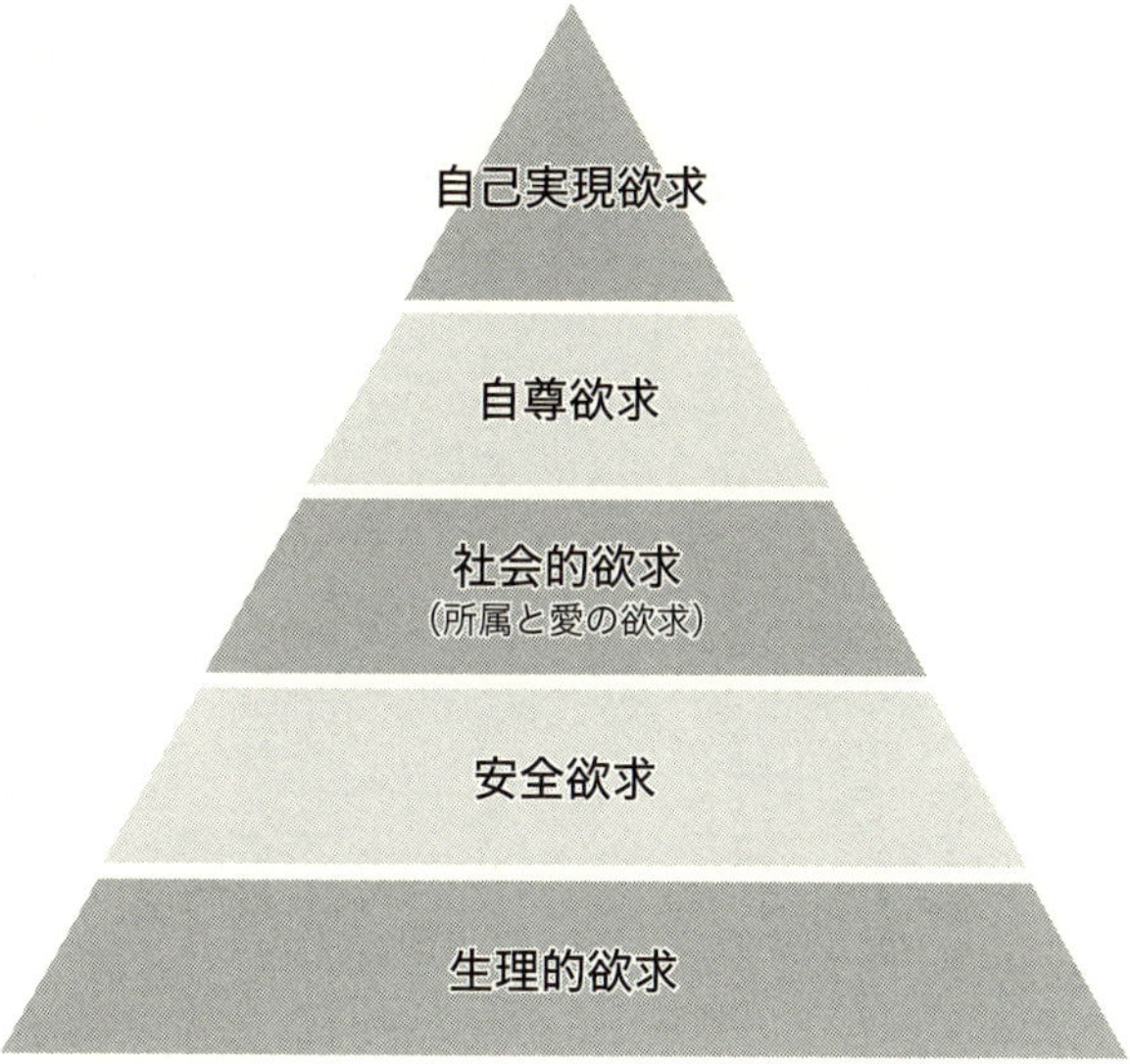

とも、労働安全衛生法がしっかり整備されている昨今、肉体的な危険にはそうそうさらされるものではありません。

かわって最近よくある例として覚えていただきたいのは「経営危機」です。

経営危機にある企業の社員は、安全欲求の段階にモチベーションが留まります。企業の存続が危ぶまれる状況では、リストラの危険性が高まるからです。

赤字に転落でもしていたら、普通の働き方はまずできません。全社員の意識を共有し、社を挙げて赤字脱出を急ぐことが先決だといえます。

もうひとつ、安全欲求を脅かす要因として忘れてはならないのは、各種のハラスメントです。

ハラスメントは、上司と部下の相性が良い悪いというレベルですむ問題ではありません。部下の尊厳を傷つけ、安全欲求を脅かすものと見るべきです。好き嫌いではなく安全か危険かというレベルなのです。

これには科学的エビデンスもあります。

例えば先にもふれたように、非難、叱責、侮辱といったパワハラを受けた人の8割以上が、精神面になんらかの不調をきたすのです。つまり心身の安全が脅かされるのです。いくら上司が「あいつはやる気がない」と嘆いたところで、ハラスメントが解決されない限りモチベーションは上がりません。私が再三にわたりハラスメント対策が必須であるとご説明しているのは、ここにも理由があるのです。

ブラックな職場環境で、働く人のモチベーションが上がらないというケースでは、生理的欲求か安全欲求が満たされていないことが第一に疑われます。

「過重労働が自殺の原因となった」と報じられるケースがよくあります。しかし過重労働そのものが自殺の引き金となるケースは、ほぼないと私は考えています。端的にいえば、過重労働の状態でも、きちんと食べて睡眠をとることができていればメンタルに不調をきたすことはない。

むしろ過重労働で眠れない状況、あるいはハラスメントによって安全欲求が脅かされている状況のほうが深刻です。

例えば、睡眠を削って資料を作り「やっと眠れる……」と思っていたのに、上司に「こんなの使えないよ」と資料を捨てられ、「今日中に作り直せ」と命じられた。こんなことが何度もくり返されて、メンタルが壊れない人はいません。
部下のモチベーションが生理的欲求と安全欲求の段階に留まっているとしたら、早急な職場環境の改善が必要です。やる気が出ないのは職場に原因があるのであり、部下個人のモチベーションの話をする段階ではないのです。

できる上司の新常識 19

ハラスメントは「好き嫌い」ではなく、部下の「安全欲求を脅かす問題」である

NG 指示待ち人間が多いのはどこの職場も同じだ

きちんと睡眠がとれており、経営危機やハラスメントとも無縁。つまり、生理的欲求と安全欲求が満たされていると、今度は社会的欲求が現れてきます。

社会的欲求は「所属と愛の欲求」とも言われます。信頼関係や愛情に満ちた関係を持ち、そのような集団に所属したい、自分が必要だと思われたい、という欲求です。

現実の職場においては、社会的欲求の段階で悩む人が一番多いと感じます。一見、何ら問題はない環境でも、困ったときに相談できる人がいない、アドバイスは精神論ばかり、誰も自分の気持ちのケアをしてくれない。そんな「ほんのちょっとの不満」を抱えている人が、圧倒的に多いのです。

この点では、上司も部下も同じです。

「自分にばかり仕事が集中している気がする。他の人はあんなに楽そうなのに！」

「なんで部下たちは、自分の指示どおりに動いてくれないんだろう？」

一つひとつは小さくても、不満が積み重なっていると、やはりモチベーションはそれ以上の段階には上がりません。普段から会話を心がけ、仕事の進捗状況を確認し、困ったときに気軽に相談できる、いつでもアドバイスをもらえる、お互いに助け合える、そんな職場環境を整えることが対策となります。

社会的欲求がクリアされると、次に自尊欲求が湧いてきます。他者から評価されたい、尊敬されたいという欲求です。

自尊欲求の段階にある人は、目に見えてモチベーションが高い状態だといえます。仕事を通じて他者に「かけがえのない存在」として認められることで自尊欲求は満たされます。こうなれたらしめたもので、自律的・主体的に仕事に向かうようになり、さらなる評価を得るために、よりよい仕事をしたいと思うようになります。

人が主体的に動くようになるのは自尊欲求の段階からです。社会的欲求にモチベーションが留まっているうちは決して主体的にはなれません。そこには明確な線引きがあります。

「上司の言う通りに動くことしかできない指示待ち人間ばかりだ」と思うことがあるとしたら、部下たちの自尊欲求が満たされていないからなのです。

話を先に進める前に、すこし整理しておきましょう。上司に「言われたらできる」のは、社会的欲求の段階まで来ている人たちです。不眠などで生理的欲求が、またハラスメントや経営危機などで安全欲求が脅かされている段階は、「言われてもできない」状態です。その段階をクリアして、自尊欲求の段階までたどり着くと、ようやく人は「言われなくもできる」状態になります。つまり「主体的」に仕事ができるようになるのです。

そのために、上司は何をすればいいのでしょう?

実は、すでにご紹介した「仕事を任せる前の5分マネジメント」や、後で説明する「キャリアデザインを考える面談」などが、これに直結しています。部下の仕事に注目し、いい働きをしていればしっかり評価し、やがて権限を委譲していきます。こうした丁寧なコミュニケーションを通じて部下は「この上司は私に不当な危害を加えることはない」と安心することができます。さらに「上司に認められた」という手応えを感じ、自信を持つことができ、それがやりがいとなって自律的・主体的に仕事に向かうようになるのです。

できる上司は、部下を自尊欲求の段階まで引き上げることができるのです。

ちなみに、マズローの5段階欲求のうち、一番下の生理的欲求から4番めの自尊欲求までは「欠乏欲求」として分類されています。

これは「欠けているものを満たしたい」という欲求で、満たされて初めて次の段階の欲求に移行できるという性質を持っています。空腹の限界では「心身を癒すマッサージ」よりまず「食べること」が最優先になるのと同じです。それが満たされたら「マッサージをしてほしい」という欲求に向かえるというわけで、低次の欲求が満たされなければ高次の欲求に向かえない、というのが基本的な考え方です。

しかし、５段階めの自己実現欲求だけは違います。これは自身の能力を最大限に発揮し、「本当の自分」を完全に実現することを願う欲求です。自己実現欲求は欠乏欲求ではありません。それどころか、望み続ければ永遠に高まっていく究極的なモチベーションが、自己実現欲求なのです。

ここに至っては、上司のサポートによってモチベーションが影響を受けることはありません。「なりたい理想の自分」に向かって、その実現のために働きます。誰に評価されても、あるいは評価されなくても、モチベーションに溢《あふ》れている状態なのです。

できる上司の新常識 20

「言われなくてもできる部下」に変えるのはマネジメントの役割である

NG 話しかけて褒めれば部下のやる気はアップする

モチベーションの強さは、5つの欲求段階のどこに位置するかで、ほぼ決まります。

もっとも、自己実現欲求の水準で仕事をしているのは、ほんの一握りです。あくまで私の感覚的なものですが、生理的欲求の段階で働いている人は5%、安全欲求の段階で働いている人が1割、社会的欲求（所属と愛の欲求）の段階にいる人が7割、自尊欲求を得て主体的に働いている人が1割。自己実現欲求のもと「言われなくても仕事をする人」は5%というところでしょう。

自己実現欲求の段階にある部下は、放っておいても仕事をします。ですから、上司としても、「ご自由にどうぞ」でかまいません。彼らは人からどう評価されようと、どんな環境に置かれていようと自分の目標のために働きます。成果も出すため、会社への貢献度も非常に高い存在です。

でも、そんな人は稀《まれ》です。

上司が注意を払うべきなのは、自尊欲求を含めそれ以下の段階にある部下たちです。

あらためて、上司がやるべきことを整理しましょう。

まず部下がどこにいるのか、何に対してアプローチしなければならないのかを見極めることが、部下のモチベーション・アップの大前提です。

それぞれの段階で、必要とされるケアが違うことはもうご理解いただけたと思います。上司がやるべきことも、違うのです。

まず生理的欲求と安全欲求が脅かされている状況だけは、絶対に避けなければなりません。そこで必要なのはハラスメント対策や適切な治療であって、マネジメントではありません。当然ながら「やる気を出しなさい」といった精神論は百害あって一利なしです。


では、社会的欲求の段階にある、7割の部下を相手にするときは何を心がけるべきなのでしょう?

それは相手の気持ちを思いやることです。

「何だ、そんなことか」と軽く考えないでください。これはとても難しい作業なのです。

人の気持ちを感じられなければ、その人を大切にすることはできません。逆にそれさえできれば、その人を大切にしてあげたいと心から思えるのです。

例えば「仕事が大変なんです」と相談してきた部下に対して、

「だから何？　それでお客さんが満足するなら、やらなきゃだめだろう」

これはＮＧです。上司が部下の気持ちを受け止めておらず、袋小路に追い込んでいるだけです。部下の気持ちは逃げ場を失い、強いストレスにさらされます。


一方、部下の気持ちに気がつき受け止める上司には、この一言があります。

「辛い状況にあったんだね。大変だっただろう」

たったこれだけの言葉で、部下の心理的負荷は「天と地」の違いになります。業務上のトラブルを解決するのはそれからでも遅くはありません。

まずは気持ちを受け止める。その上で具体的な解決策に導いていきますが、そこでも部下の気持ちを尊重する姿勢は変わりません。

「あなたの気持ちはわかった。これから一緒に解決策を考えていこう」

「こんな方法もあるし、あんな方法もある。ほかにアイデアはある？」

「この方法には、こんなメリットもあれば、こんなデメリットもあるよね」

「あなたにとって、一番やりやすいのはどれ?」

「よくわかった。じゃあ、私はどんなサポートができるかな?」

上司は意見を押しつけず、部下の意見を尊重する姿勢を維持しています。上位職らしい経験値から、選択肢やメリット・デメリットを提示して見せてはいても、最後に決定するのは部下自身だということです。無理やり上司に押しつけられたわけではありません。

「やらされ感」で仕事をするか、自分で仕事を選びとるのか。ここに、社会的欲求と自尊欲求の境目があります。

悲しいかな、「ガタガタ言ってないでやりなさい」と部下に強制、命令するだけの従来型の上司が多いのが実情です。もがいて苦労したほうが成長できるんだという「思いやり」は真の思いやりではなく「思い込み」です。昔は通用しましたが、今の時代には、それでは成果が出ず放任主義としか評価されないのです。


ここまできてから、自尊欲求を高める指導をしていきましょう。その具体的な方法のひとつが、個別のキャリアデザインです(6章もご参照ください)。

「あなたは10年後、どうなりたい? どんな役割を担いたい?」

「10年後、どんなふうに会社に貢献したい？　そのためにどんなスキルが必要？」

「その目標は、自分の人生の大切なものと、どのようにつながってる？」

「上司として、私はどんなサポートができる？」

など、親身になって部下のキャリアデザインを考え、実践をサポートすることで、彼ら彼女らの自尊欲求は、より満たされていくのです。

できる上司の新常識 21

部下が今いる「欲求のステージ」に応じたアプローチをする

NG 仕事よりプライベートを大事にするのは公私混同だ

ここまでマズローの欲求5段階説にのっとりモチベーションについて考えてきましたが、部下のモチベーションを左右する要因は、ほかにもあります。

例えば、職務満足感です。職務満足感とは、仕事が楽しい、嬉しい、やりがいを感じるなど、仕事を通して自己の欲求が満たされる、肯定的な感情を指します。

当然ながら、職場満足感が高いほど仕事に向かうモチベーションが高い傾向があるのですが、もうひとつ、モチベーションと連動する意外な要因があります。

それはプライベートの充実です。仕事以外に、家族や趣味、スポーツなどの楽しみを持ち、プライベートが充実している人は、それと連動して仕事のモチベーションが高くなる傾向があるのです。

もちろん例外はいくらでもあります。プライベートの満足度が低く、職務満足感が高い人もいるでしょう。それでも、双方が連動しているのは確かです。ならば、仕事上のモチベーションを上げるために部下のプライベートの充実を応援するのは、ごく自然なことではないかと思います。

その点を理解していない上司だと、どうなるでしょう。

「よく、こんな忙しいときに有休がほしいなんて言えるね」

「土日にフットサルなんてする元気があるなら、会社の仕事に向けたらどう？」

そんな嫌味がいちいち部下のモチベーションを下げる要因になります。

もしかしたら従来型の上司は、自分の「嫌味」を自覚していないかもしれません。仕事がすべて、家庭を犠牲にしてもかまわない。そんな昔からの価値観を払拭できていないと、意図的ではないにしろ、言葉の端々に、部下を非難する気持ちが出てきてしまうのです。

「週末にスポーツ、大いに結構」と快く送り出してやることができたら、翌日からまたモチベーション高く仕事をしてくれるのに、実にもったいないことだと思います。

できる上司の新常識 22

仕事とプライベートは連動している。両方応援して、部下をモチベーション・アップに導く

NG 人は怠ける。管理や強制がないと成長しない

上司が持つ「人間観」も、部下のモチベーションに大きく影響します。

人間観というと少し大げさに聞こえるかもしれませんが、これは心理学の話です。心理・経営学者として知られるマクレガーによると、人間観には大きく2つあります。

ひとつは「人は怠けるものだ」という見方（X理論）です。

このような人間観を持つ上司は、「これをやれ」と強制・命令し、できなかったら処罰する、というマネジメントが基本になります。部下たちは日常的に強制・命令・処罰されるうち、やがて叱責されないよう身を守る習慣がつきます。

そのせいで、仕事の質を高めるよりも、「怒られないこと」が仕事の目的になってしまいます。失敗して怒られるのは嫌だからと、挑戦も避けるようになります。言われたこと以外はやらなくなり、新しい能力を身につける気も起こりません。

総じて、X理論の上司のもとにいる部下はモチベーションが低くなります。そんな上司

たちは、「強制したくてしているわけじゃない。そうしないと怠けるのだから、仕方ないじゃないか」と言うかもしれませんが、実際は、彼ら自身が怠ける部下を作り出しているのも同然なのです。従来型の上司の多くは、このX理論にあたるといえます。

もうひとつの人間観は「人は自ら成長しようと努力するものだ」という見方（Y理論）です。マズローの5段階欲求に出てきた自尊欲求や自己実現欲求を満足させようと、目標達成に向けて最大限に努力する。問題解決にあたっても創意工夫をして、自分の能力を発揮する。できる上司の人間観は、こちらです。

こうした人間観を持つ上司のもとでは、部下はその期待に応えようと、無限の努力をし続けられることでしょう。主体的に仕事に関わり、自ら課題を発見し、解決を図ります。さらに上のレベルの仕事をしようと能力を高めていきます。

上司の人間観ひとつで、部下の働き方は180度変わるのです。

できる上司の新常識 23

人は自ら成長しようと努力するもの。強制も命令もいらない

NG「今期の売上目標」で部下の目標を管理している

部下のモチベーションを決定づけるもうひとつの要因は、「目標」そのものです。私のところに相談に来られる方の多くが「どうもやる気が出なくて」と、モチベーションの低下に悩んでいる様子です。

しかし私が「目標は何ですか?」とたずねると「いえ、特に目標はないのですが」とお答えになる。これではモチベーションは上がりようがありません。

そもそもモチベーションとは、目標を成し遂げるために、行動を起こさせる気持ちのことです。この定義からいっても、目標のないところにモチベーションはありません。

「いえ、会社には目標管理制度があります。年1回、部下自身が目標を作っています」と言う上司もおられるかと思いますが、一般的に目標管理制度のそれは会社から与えられた目標です。ここでいう目標とはあくまで「その人が将来どうなりたいか」を指しています。

言い換えれば、それは自己実現に関わる、人生の目標です。目標管理制度でいう目標との違いは、そこに「自分の人生における価値を感じられるかどうか」です。

「この仕事を通じてこんな仕事をしていきたい。あんなポジションにつきたい。専門性を高めたい。自分はこんなふうに成長したい」、これが目標なのです。

また、実現に期待が持てるかどうかも重要です。「どう考えても達成できないだろう」と思われる高すぎる目標は、画に描いたモチと変わりません。頑張れば達成できると信じられる手頃なサイズの目標が、モチベーションの維持にはベターです。

目標を追いかける行為に、楽しさや嬉しさといったポジティブな感情が伴うことも、欠かせない条件です。どんなに価値があり、頑張れば手が届きそうな目標であっても、実現までのプロセスが「辛いことばかり」ではモチベーションは持続しません。ときに辛いことがあったとしても、上司のケアで解消できるレベルであることが望ましいといえます。

上司が部下の感情面を支えることで、部下のモチベーションは続いていくのです。

できる上司の新常識 24

「将来どうなりたいか」を目標として持つように指導する

NG 職場の潤滑油になる上司には存在価値がある

「仕事は大してできないけれど、職場の潤滑油になってくれるような、いい上司」かつてはそんな上司が会社にいました。

潤滑油の要素も確かに必要です。しかし、それをわざわざ上司が担わなくてもいいはずです。また、仕事のできない上司を雇用し続ける余裕も、企業から失われました。

やはり上司のミッションは部署の業績を上げ続けることであり、そのためのマネジメントであることを、忘れてはいけないと思います。

上司には上司としての専門性がある。これはとても重要な視点です。マネジメントを深めていくには、それなりの知識が必要なのです。

まず前提知識として押さえておきたいのは、これからの企業では、いちプレイヤーとして業務の専門性を高めていくのか、あるいはマネジャーとしてマネジメントの専門家になるのか、どちらかでないと存在意義を示せなくなるということです。この2軸が明確に分かれていくと思います。

業務の専門性を高める軸では、例えば他社とコラボレーションをしたり、ビジネスモデルを作ったり、特許を取ったりといった「スペシャリスト」に向かいます。

一方で、マネジメントに向かう軸があります。専門性の追求は部下に委ねて、自分はそんな彼らの実力を最大限引き出す役に回る、ということです。

現在の日本企業はというと、2つの軸が混在して、中途半端な状態にあります。それが企業の成長を妨げる要因にもなっています。スペシャリストになりたい人もマネジメントを担わなければならず、スペシャリストとしての成長がある程度で止まってしまう。上司側も求められているマネジメントの何たるかをつかめておらず、これまでの経験値から「なんとなく」マネジメントはできると勘違いしている。いずれにせよ中途半端です。

今後、企業の成長を加速させようと思うなら、どちらの専門家になるのか、軸足を決められる体制が整えられるべきだと思います。

これまでの企業は、主任から課長へ、課長から部長へと偉くなる巨大なピラミッド構造をしていました。それとは別に、スペシャリストのピラミッド、マネジメントのピラミッドができるというイメージです。これなら誰にも邪魔されず、それぞれの専門性を追求できます。また、業務の専門性を高めた優秀な人材が、マネジメントの質の低い上司のもとでモチベーションを下げたりして成長が阻害されることがなくなるでしょう。優れたプレイヤーは優れたマネジャーのもとへ。そんな流れが加速していくはずです。

裏を返せば、優れたプレイヤーを育てられないマネジャーの居場所はますますなくなるということです。

空前の売り手市場が続く昨今、企業は人材確保に苦労しています。新入社員の争奪戦は激しくなるばかりで、中途採用でも苦戦しています。その状況下で優秀な人材が流出するというのは、大きなリスクです。

そのリスクを回避できるかは、いかに人材の活躍の場を作り、成長させられるかにかかっています。上司はそのために、全マネジメント能力を駆使して部下をサポートしなければならないのです。

できる上司の新常識 25

マネジャーとしての専門スキルがない上司は近い将来、職場で居場所がなくなる

NG 管理職に向いている人はスペシャリストでなくてもよい

では、マネジャーに求められる専門性とは、どのようなものでしょうか？

まず申し上げておきたいのは、マネジメントを極めようと思うなら、プレイヤーとしての能力、つまり本来業務の専門性を疎かにできない、ということです。

これからの上司にとっては、業務の専門性とマネジメント、この2つが車の両輪です。どちらかが欠けても、立ち行きません。

なぜなら、マネジメントを極めるといっても、業務の専門性なしには、部下の仕事について具体的な指導ができないからです。かといって業務にばかり精通し、部下の気持ちを思いやることができず、彼らのやる気を引き出せない上司では組織としてのパフォーマンスは最大化しません。

業務の専門性もなく、マネジメントもできないのだとしたら、それは知的創造性が低い仕事をしているということです。

「ＡＩに代替される仕事は何か」という議論を、最近よく聞きます。これからさらにＡＩが進化すれば、人間は職を奪われていくことになるでしょう。そのとき、真っ先にＡＩにとって替わられるのが、そういった知的創造性の低い仕事です。それは仕事というより、「労働」というべきなのかもしれません。

どちらか一方でも極められたら大変な価値がありますが、業務の専門性と高度なマネジメントスキルの両方を求められる知的創造性の高い仕事ならば、この先もＡＩに奪われることはないでしょう。

もしチャンスがあるなら、できるだけ多くの方に、２つを極める道を歩んでいただきたい。私はそう願っています。

現在は業務の専門性を追求している方であっても、今後、マネジメントを期待されないとも限りません。もちろん今現在、専門性を期待されているのであれば、それに応えることが第一です。そうしていよいよスペシャリストの立場を確立したら、マネジャーの訓練をする余地はなく、会社もそれを期待はしないでしょう。

しかし将来的にマネジメントを任される可能性が少しでもあるのだとしたら、早い段階から、優先順位の2番目にマネジメントを位置づけることをおすすめしたいと思います。最終的にどちらのキャリアを選択するのかは、「自分は何に喜びを感じるのか？」をモノサシに判断するとよいと思います。

自分の専門性を高めることに喜びを感じるならば、そのままスペシャリストとしての道を歩んでいけばいい。

一方で、部下の成長を自分のことのように喜ぶ人もいます。「他人の成長を喜ぶ」というのもおかしな話に聞こえるかもしれませんが、「親」が身近な例です。いつまでも子供より優れていたいと思う親はいません。早く自分を乗り越えてほしいと願っています。子供たちが努力し、困難を乗り越えていく姿を見ると、何より嬉しい気持ちになります。

もし部下に対して、親のような気持ちが芽生えているのだとしたら、マネジメントの適性ありと期待していいと思います。

できる上司の新常識 26

高い専門性がなければ質の高いマネジメントはできない

NG マネジャーとは「管理職」のことである

あらためて考えてみると、マネジャーとはどんなスキルを持った職種なのか、曖昧かもしれません。実際そこには、どのような専門性があるのでしょうか。

業務の専門性ならば話は早いのです。それは、業務遂行に必要な知見、すなわち関連する技術領域や業界用語や業界動向などです。マネジメントはというと、そうした業務の専門性を持つ人材が、新たなビジネスモデルを考えたり事業戦略を立案したりといった、さらに上のステージで活躍するためのサポート全般という解釈でよいと思います。

ここでのポイントは、部下の「成長」です。

部下がストレスなく仕事できるようにサポートするのは、手段であって目的ではありません。部下のステージを上げるためにこそ、マネジメントは機能するのです。

例えば、「言われたことしかできない」レベルから、「言われなくてもできる」レベルへ成長させる。あるいは、関連領域の知見を高めるレベルから、他社とコラボできるレベルへ。あるいは特許を取ったり、ビジネスモデルを作ったり、新製品を作ったりと、さまざまな観点がありますが、いずれも「部下のステージを上げる」ことに通じています。

従来、上司は「管理職」とも呼ばれますが、こうした職能を持つ上司にはミスマッチな呼び名だと思います。管理では部下のステージは上がりません。管理とは日々の業務を滞りなく回し、むしろ「ステージを下げない」ようにする仕事だといえます。

これからの上司は、いわば育成職。部下のステージを上げるための職種です。そう考えると、マネジャーに必要とされるスキルや心構えも、イメージしやすいのではないでしょうか。

例えば、部下にとっての「次のステージ」を思い描けること。そのためには、キャリアデザインや、キャリアカウンセリングの知識が生きます。

あるいは部下を「次のステージ」へと引き上げるための、目標設定や目標管理のスキルです。目標達成に向かって諦めずに努力を続ける過程では、モチベーションに関する学問的な理解も助けになるでしょう。ストレス過多の兆候を早めに察知し、心身の健康を保つには、メンタルヘルスの知識も欠かせません。

最大の武器は、コミュニケーションの力です。部下の気持ちを思いやり、尊重することで本音を聞き出す傾聴のスキル。褒めること、叱ることも大切です。優れたコミュニケーション力があれば、強制や命令は必要ありません。上司からの信頼と期待を言葉で伝える努力をすることで、部下はそれに応えてくれるでしょう。

部下の成長に対して上司が責任を持つという態度も、従来の上司にはなかったものです。これからの上司は「育成職」です。部下の成長が滞っているということは、自分の役割を果たせていないということになります。

失敗した部下がいたら、部下を責めるのではなく、部下を失敗させてしまった自分を責めるのです。

仕事を最後までやり通さない部下がいたら、「やり通せるように自分はアドバイスしたのか」と反省する。やる気のない部下がいたら「部下のモチベーションを引き出す努力をしたのか」と反省する。チャレンジしない部下がいたら「自分は部下がチャレンジできるように失敗許容したのか」と反省する。それが、これからの上司の姿です。

「ずいぶん、やることが多いな」と思われるかもしれません。これまでのような放任、責任放棄のマネジメントと比べたら、事実そうでしょう。

しかしその手間は部下を成長させ、部門の業績に直結します。そこで得られる恩恵は従来のマネジメントとは比較になりません。

何より、そこには上司としての大きな喜びがあります。

自分が関わったことで、部下が成長し、働きがいや人生の幸せを感じている様子を見るのは本当に嬉しいことです。上司として努力するほどに、それは大きくなっていくのです。

また部下たちが「この上司のためなら」と能力を最大限に発揮し、あるいは能力を伸ばして難しいハードルをクリアしていく様子も、頼もしいものです。

その結果として、自部門の業績も伸びていきます。

部下の成長と業績の成長、この成長のスパイラルを生み出せるのは、育成職としての専門スキルを身につけた、新しい上司だけなのです。

できる上司の新常識 27

マネジャーとは「育成職」のこと。部下の成長に責任を負っている

コラム④

究極のモチベーション

人間が最もモチベーション高く仕事をしている状態を「ワークエンゲージメント」といいます。これは仕事に没頭しきっている状態のこと。仕事が楽しくて仕方がなく、「もっとやりたい！」という感情が湧いています。

「フロー」という言葉を聞いたことがある方もいるかもしれません。フローとは時間を忘れるほど集中力が高い状態を指します。ワークエンゲージメントは、フローを仕事の中で実現している状態ともいえるでしょう。

人間は、それが好きな作業であれば、仕事でも趣味でもスポーツでも、疲れ知らずで続けることができます。子供が遊びに夢中になって夜になっても家に帰ってこないことがありますが、あれもフローの一例です。

年齢を重ねると、フローに入りづらくなる傾向はあるのですが、逆にいうと大人になってもフロー状態に入れる人は、際立ってモチベーションが高く見えます。放っておけばとめどなく仕事をしてしまうので、過重労働に気をつけなければならないほどです。

6章　「10年後までのキャリアデザイン」を一緒に考える

NG 部下が相談してきてから対応すればいい

仕事には「ステージ」があります。

一番下のステージは「右も左もわからない」新入社員のレベル。ここではメールの出し方や提案書の書き方など、実務面のイロハを学びます。上司が手取り足取り教えるというより、新入社員研修や、年次の近い先輩がＯＪＴで教えることが多い段階です。その次は「先輩の背中を見て育つ」ステージへ。営業職なら、先輩社員について現場に出ていき仕事を覚える頃です。さらに2年ぐらいを経て「一人前」のステージへ。そろそろ先輩から離れて、一人で顧客のところに足を運ぶようになります。

さて従来型の上司は、この段階でようやく介入を始めます。それまでは研修や先輩社員に部下の指導を任せていたからです。しかし介入といっても部下はもう一人前。報告や相談を受けてから「こうするべきだった」と口を出す形になりがちです。しかも、それまで部下の仕事ぶりを間近で見ていないために、アドバイスはどうしても的外れなものになりがちです。これでは部下に失望、軽蔑されても仕方がありません。

原因は、上司がステージを理解せず、部下のキャリアデザインを描いていないことです。本来、上司として十分な経験や知見があるなら、その業種や会社に応じたキャリアデザインを示すことができるはずです。どんな仕事を回せるようになったら主任になるのか。課長になるにはどんなスキルが必要で、何年ぐらいの経験が必要なのか。それを示すことなく、目の前の業務指示だけで「こうするべきだ、ああするべきだ」では、部下はそれが何のためなのかわからず不安に思うばかりです。上司の指導は、部下のキャリアデザインを理解していてこそ、説得力を持って部下に届くのです。

会社がすでに職級制度を用意しているかもしれませんが、上司の役割は、それをふまえて、成長するために何をしたらいいかを、普段から部下に示すことです。

「会社が今、君に求めているのは、自分ではなく後輩の目標達成をサポートできる力だ」

「後輩の指導ができるようになったら、ひとつチームを任せられるかもしれないよ」

そんな具体的なアドバイスが、部下を成長に導いていきます。

できる上司の新常識 28

いつまでに何をできるようになってほしいか、部下のキャリアデザインを共に考える

NG 目標管理面談は今期の反省点を洗い出すツールだ

部下のキャリアデザインを考えるにあたっては、目標管理面談が役に立ちます。ほとんどの企業で目標管理面談は導入されていますから、「もうやっているよ」と言う上司も多いはずです。しかしこれが、ほとんど形骸化している現実があります。

なぜかというと、面談時に使う目標管理シートが、過去にばかり焦点を当てようとしているからです。

目標管理シートを見ながら面談するとき、こんな会話をしていませんか?

「期初に立てた目標はなんだっけ?」

「この1年を通して、成果はどうだった? トントンだったね」

「原因は何? どうすればよかった?」

「そこだけ改善すれば来期は目標達成できるね。じゃあそれでやってみよう」

「ところであのお客さんの件、どうなった?」

と、ひたすら過去にフォーカス。

目標面談で本当に話さなければいけないのは、そういったことではないのです。焦点を当てるのは、部下の過去ではなく将来のことです。

「10年後あなたはどんな仕事をしていたい？　どんな役割を担いたい？」

こんな自分になれたら、仕事にやりがいを持てる、職業人生に幸せを感じるようになるというイメージを、しっかり共有します。

その将来像を固めた上で、さらに問いかけます。

「そのために今からどんな専門性を高め、どんなスキルを高めることが必要？」

「そのスキルは、会社の研修やＯＪＴでまかなえる？　ロールモデルになる先輩はいる？」

「それとも異動が必要？　社外で勉強する？」

「その目標は、あなたにとってどんな価値がある？」

「10年後のために、私からどんなサポートが必要？」

こんなふうに未来の話をしていたら、1時間はかかるでしょう。

過去の話など、最後の5分でかまわないぐらいです。部下個人の目標と会社の目標を連動させるため、目標管理シートにしたがって、1年を振り返ればいいのです。

こんな話をすると、会社の都合より個人の目標が優先されているような印象を受ける方もいるでしょう。

「求めるスキルを手に入れたら、部下は会社を辞めてしまうのでは?」

と心配されるかもしれません。

でも、それでいいのです。

「この目標に対して努力をしてほしい。会社も私もそのためにこんなサポートをしよう。会社に対してこれだけの貢献をしてくれるなら、あとは君の自由だよ」

そう確約するだけで十分です。なぜなら、これだけ腹を据《す》えて自分の将来について話せる上司ほど、部下に信頼されるものはないからです。

この上司ならもっと自分を高めてくれるかもしれない。

転職するよりも、この上司のもとにいたほうが成長できるに違いない。

そう思えるキャリアデザインがあれば、転職するという選択を部下はとらないはずです。

できる上司の新常識 29

今期の反省は5分でいい。55分は「未来」について話そう

NG 部下の心を開くには、やはり「飲み」が有効だ

このようにキャリアデザインは、上司と部下が一緒になって描いていくものです。しかし、マネジメントを学んで間もない上司だと、部下に語りかけても期待したような反応が返ってこず、戸惑うことがあるかもしれません。

例えば面談時に、

「10年後、あなたはどうなりたい？」とたずねたとき、

「そんな先のことはちょっと……」と言われると、二の句が継げなくなりませんか？

本来なら、これまで部下が身につけてきたスキルや、それに対する上司の評価、その先に開けているチャンスなどを説明しながら、一緒にキャリアプランを考えていくべきところです。つまり、あくまで仕事の話をすればいいのです。

ところが、従来型の上司は、「どうも会話が盛り上がらないな。飲みに行けば変わるかな」と早合点し、飲みニケーションに連れ出そうとします。そして、部下のプライベートのことをあれこれ聞き出そうとします。

あまりにも短絡的です。飲みの席で「趣味は？」とプライベートなことをいきなり聞かれても、やはり答えにくいわけです。それは誰だって同じのはず。

部下が心を開けるように持っていくには、部下が本当に話したいことについて会話するしかありません。

それにはまず「部下が努力したこと、頑張ったこと」を褒めることです。そのあとで、そこで得たスキルや経験などを評価し、この先のキャリアを考える材料としていきます。

ただし、意外にもその「褒める」が簡単なことではありません。どうでもいいところを褒めてしまうと、かえって部下を失望させます。

例えば、部下が大変な労力をかけて調査したデータをまとめたのに、

「納期に間に合ってよかった！　仕事が早くて助かるよ！」

「デザインがきれいな、見栄えのいい資料だね！」

こんな褒め言葉なら、褒めないほうがましです。

このケースでは、資料の見栄えなどどうでもいいのです。部下が褒めてほしいのは、自分がこの結論に至るまでにどれだけの調査をしたのか、そのためにどれだけ苦労をしたのか。つまり努力したこと、頑張ったことです。そこを見ようとせず、目につきやすいとこ

ろだけを褒めそやしたら、「この上司は何にも見てないな」とガッカリさせ、軽蔑の念を生むだけです。これでは、人間関係を深めることなどできません。ましてプライベートの話ができるほど仲良くなるなど、不可能です。

部下とのコミュニケーションをスムーズにするために大切なのは、テクニックでも知識でもありません。コミュニケーションスキルが高いとか、若者の間で流行していることに詳しいとか、そういうことではないのです。

いかに部下の仕事を理解しようと努力しているのか。そこに尽きます。

そうした誠実な態度があれば、褒めるポイントを見誤ることもありません。

部下とのコミュニケーションは、いつでも目の前の仕事から始まります。飲みニケーションが少ない時代になったから会話が盛り上がらないのではありません。これからの時代、できる上司に飲みニケーションは必須ではないのです。

できる上司の新常識 30

部下が求めているのは仕事の話。飲みに行けばいいわけではない

NG もっとできそうな部下にはチャンスを与える

「10年後、あなたはどうなりたい?」とたずねる上司に、「別に出世したくありません」と答える部下。

従来型の上司ならば、

「なぜもっと成長したいと思わないんだ。まったく今どきの若者は」

と、イライラを募らせる場面です。でもこんなときは、なぜ部下が「出世したくない」のか、原因に思いを馳せてみましょう。

ひとつ考えられるのは、この部下にはキャリアのステージに関する理解がないということです。このまま大きな失敗をせず給料もそこそこ上がっていけば十分だという考えなのかもしれません。しかし、その状態で5年、10年と過ごす人と、自分のキャリアを考えて主体的に動いていく人とでは、やがてやってくる未来に雲泥の差が生じます。

まずは、その事実をきちんと説明しましょう。

「ステージを高めれば、さらに面白く、評価の高い仕事ができる、専門性も高められて仕事の幅も広がる。この好循環の中で働けたら幸せだと思うんだけど、どうだろう?」

この会話がないまま、急に「5年後、どうなりたい?」では、部下は返答に困るわけです。「そんな先のことまで考えていません」あるいは「別に出世したいとは思っていませんが」で会話終了です。

大切なのは、具体性のある会話です。

これは、私の仕事を手伝ってくれている協会スタッフの話です。

仕事を始めたばかりの頃に「5年後、どうなっていたい?」と聞かれても、うまく答えられないのが普通です。自分がどんなポジションについて、どう協会に貢献できるのかわからないと「もっと勉強して成長したいです」とでも答えるほかないのです。

そこで私は、こんな話をしました。

「今回あなたにはHP運営の中でこんな仕事をしてもらった。すごく助かってるよ。最初は私がチェックする必要もあったけど、今では一人でここまでやれるようになった。私が期待していた以上の活躍だよ。次はこんな仕事を任せられるかもしれないな。これからも期待しています」

これまでの活躍を評価し、感謝し、今いるステージや、次のステージに移るために必要なことを伝えました。こんなふうに指導を続け、あるとき「5年後どうなっていたい？」と聞いてみると、こう答えてくれました。

「このHP全体を統括するポジションにつきたいです。実務は別のスタッフに委譲して私が最終確認をするというフローを構築したいと思います」

自分が希望するキャリアデザインを、しっかり思い描いていることがわかります。以前は受身で、「言われたことはやるけれども、それ以上のことはしない」傾向がありましたが、そういう人ではなくなりました。主体性が表れてきています。

部下の成長を間近で感じられるというのは、上司にとって最高に嬉しいことですが、不思議なことは何もないのです。上司の説明の仕方ひとつで、ここまで部下は成長するのです。その部下がどんな努力をして、どう成長してきたか、きちんと見ている上司からの言葉であれば、部下は真剣に考えるのです。

上司は、部下が話に乗ってくる、乗ってこないというレベルで会話をしてはいけないのです。大切なのは、具体的にキャリアのステージを説明することです。そうして部下にもキャリアデザインを考える材料を提供し、一緒に考えていきます。

当然ながら、会話の内容は、そのときの部下がいるステージによって変わります。成長が早い者もいれば、時間がかかる者もいます。その状況に応じた説明が必要です。

「この人はこのステージにいる」（現状把握）
「足りないのはこのスキルだ」（問題発見）
「そのスキルを得るにはこんな方法が有効だ」（問題解決）

この3つを、まずは意識することから始めてみましょう。一律に「みんな○○を目指そう」ではないということに注意してください。

部下には一人ひとり、キャリアデザインがあるのです。その部下を次のステージに上げるために、今、上司としてどんなサポートが必要なのか。上司が部下よりも専門性で上回っていれば、ジャッジはそう難しくないはずです。

できる上司の新常識 31

キャリアデザインは一人ひとり違う。「ステージ」への理解を促しつつサポートする

コラム⑤

組織全体が変わるためには

マネジメント研修などを通じて、受講者一人を変えることはそう難しいことではないかもしれません。でもその方の所属する組織が全体として変わるかといったら別の話です。個人を変えるアプローチと組織を変えるアプローチは違うのです。

課長の上には部長がいます。課長の下には課長代理がいて、主任がいます。研修はだいたい課長からスタートするのですが、問題はその後です。課長たちだけに変革を任せてしまうとまず失敗します。課長一人ひとりがそれぞれの部署で孤軍奮闘するばかりで、上司や部下からの支援が期待できないからです。

しかし課長の上にいる部長や、その下の課長代理や主任にも同じ研修を受けてもらったらどうでしょう。マネジメントの知識を3者の共通言語とするわけです。すると、業務中も「あの研修で学んだことはこうだった」と、3者が連携しながら学んだ知識を実践し、日々問題解決にあたることになります。

上司自身が先に変わらなければ、部下も変わりません。部長、課長、主任と、3層が同時にマネジメントの正しい知識を学べば、皆が本気になり、組織の変化が一気に進みます。

7章

聞く、相談に応じる。やる気を引き出す「5秒マネジメント」

NG 距離を縮めるには家族や子供の話がいい

「この忙しいときによく休むね。私の若い頃は有給なんてとらないのが当たり前だったよ」

「子供の世話なんて、奥さんに頼めないの？」

「プライベートを仕事に優先させるなんて、社会人としてありえない」

まるで自慢話かのように、「昔はこうだった」という話をする上司は、まだたくさんいるようです。しかし残念ながら多くの場合、自分（あるいは自分たちの世代）の価値観の押しつけになってしまっています。

部下の反応は「だから何？」「今の時代、それって推奨される価値観なんでしょうか？」です。上司側は、疎まれる原因を作っていることに無自覚なことが多いです。

上司自身の価値観が尊重されるべきであるのと同じように、部下の価値観も、尊重されるべきです。なかには、ひとつの趣味を生涯の喜びにしている部下もいれば、家族と時間を共にすることが何よりの幸せだという部下もいるでしょう。彼らにとっては、正当な理由なく趣味や家族を仕事や会社の犠牲に、まして上司の都合で犠牲にするなど、「ナンセンス」「意味がわからない」ことなのです。

上司側は、部下との距離を縮めたいという心理が働いて、「よかれと思って」、少々立ち入ったことを会話に入れているのかもしれません。「そろそろ結婚？」「子供は早いうちがいいよ」「一人っ子はかわいそうだよ」といった話題も、昔なら人間関係の潤滑油になっていたのです。でも、今はそうはいきません。結婚や出産に関する価値観も多様化していきます。誰もが結婚したいわけではないし、結婚したくて手を尽くしていてもできない人もいます。子供はいらないという人もいれば、子供が欲しくて他人が聞いたら涙が出るような努力をしていても恵まれない人もいるのです。

そうした価値観を否定され、上司に古い価値観を押しつけられたら、部下は拒絶するほかありません。一度そうなってしまうと、優しい言葉をかけられても心は開かないでしょう。家族の話を持ち出したら、また踏みにじられるかもしれない。そう思うと、昔の価値観を押しつける上司のそばにいることすら不快で、会話自体が成立しないのです。

できる上司の新常識 32

昔の価値観の押しつけは百害あって一利なし

NG 何かあったら相談してくるのは部下の責任である

例えば、上司と部下の間に「聞く、話す、相談する」といった関係性があるだけでも、部下のストレス耐性は高くなります。

上司のところに相談にやってくる部下というと、「ストレスに弱い部下」をイメージされるかもしれません。しかし、相談ができる部下は必要なときに適切なケアを受けられるわけで、高いストレス耐性を持っています。ストレス耐性が低い部下はむしろ、いろんな理由をつけて相談を避ける傾向があります。

「周りのみんなは立派にやっているのに、こんなことも一人で解決できない自分はダメだ」

「能力がないと上司にバレてしまう」

そんなふうに怯《おび》えているのです。

それならば、上司は部下からの相談を歓迎するべきでしょう。いつでも相談しやすい環境を作ることが、そのまま部下のストレス耐性を高めることになるからです。

「よく相談してくれたね。嬉しいよ」

「この段階で相談してくれたら、もう悪化することはない。一緒に考えていこう」

これなら部下は、次回も必ず相談してくれることでしょう。

最悪なケースは、

「なんでもっと早く言わないの？」

「それぐらい自分で考えられない？」

「この仕事、何年やってるんだっけ」

……そんなことを言われた部下は、二度と相談にやってこないでしょう。さすがにここまでひどい言葉を口にしないまでも、相談を面倒くさがるニュアンスを醸《かも》し出したら最後、部下はその上司を避けるようになります。

大切なのは、部下からの相談を心から喜べているかどうかです。

考えてもみてください。部下にとって上司に相談するのは、非常に勇気がいる「挑戦」なのです。自分の力不足を上司にさらけ出す決意をして、やってきています。その部下がストレスを解消し成長できるかどうかは上司の言葉しだい。そんなチャンスをもらえたことが、上司には喜ぶべきことなのです。

相談対応は、マネジメントにおける優先順位のトップだと断言したいと思います。ここが勝負どころです。だから、できる上司はどんなに忙しくても相談に応じるし、そういう上司のもとでは部下も相談することをためらいません。

「お忙しいところすみません、ご相談があります」

「いつでもいいんだよ。よく来てくれたね」

そんなやりとりが、日常的に起こるのが理想です。

極端な話、ほかのマネジメントがどれだけダメでも、相談対応だけ完璧にできれば、全部のマイナスを帳消しにできるといっても、いいすぎではないと思います。リーダーシップをとってくれない、サポートもしない、ろくに挨拶もしない。残念な上司の条件をさまざま揃《そろ》えていても「よく言ってくれたね」の一言があれば、「頼れる上司がいてよかった！」と、部下は安心できるのです。

できる上司の新常識 33

相談しやすい環境を作るのが、できる上司。相談への対応はマネジメントの最優先事項である

NG 話がズレたら脱線しないように指導すべきだ

それは「何のため、誰のため」の会話なのか。

上司と部下がコミュニケーションをとる場面では、この視点がとても重要です。

経験で上回る上司には、何か相談を受けるにしても、トラブルなく進んでいるか確認したい、問題の所在を把握したい、顧客との関係を知りたいなど、聞き出したいポイントが明確にあります。しかし、それだけでは自分のための会話にしかなりません。自分の興味のあるところだけ聞き出そうとしていることになってしまいます。

「部下のため」と言いながらその実、自分が知りたいこと、興味のあることしか聞いてくれない上司に、心当たりはありませんか？

彼らは共通して、テンポよく会話を進めていこうとします。

そのテンポのよさがまずいのです。彼らは聞きたいポイントから話題がそれると、部下の話を遮《さえぎ》り、軌道修正を図ります。

「ところで例の件はどうなった？」

「余談はいいから、結論から先に教えて」

これは非常にもったいないことです。

実は、一見本題からズレた話ほど部下が本当に話したいことであることが多いのです。自分が聞きたい話ではないと思っても、部下が話すことはじっくり聞く。これが重要です。

それを面倒に思う上司の気持ちもわかります。経験豊かな上司のこと、「問題はあのあたりにあるだろう」と見当はついているので、結論を急ぎたいのです。本題が先、余談は後。ビジネスマナー上も「結論から話す」のが正解とされていますから、自分が間違っているとは夢にも思わないことでしょう。

しかし、それがもったいないのです。

一見何の意味もなさそうな部下の「余談」を聞いてあげることで、得られるものは思いのほか大きいのです。本質的な話をしたいと思うときほど、上司はぐっと我慢です。

「こんな話も丁寧に聞いてくれるのか」と、上司のことを信頼した部下は、本題に関して言いにくいことがあったとしても、包み隠さず打ち明けてくれることでしょう。

逆に、単刀直入に本題に持ち込まれようとしたら、部下はどう思うでしょう。

「話したいことがあったのに、無理に話をそらされたな」と感じた瞬間、防御の態勢に入ります。心の準備ができていないところで本題に持ち込まれると、つい心に鎧《よろい》を作りたくなるのです。

こうなったら最後、問題の本質にたどり着くのは一気に難しくなります。

「あのとき話したいことがあったのに聞いてもらえなかった。よけいな話と本題の区別もつかないのかと、バカにしている顔をされた」

――その嫌な記憶は、ずいぶん後まで部下には残るものです（もちろん上司は気にも留めていませんが）。何度もこういう思いをさせられた部下は、上司がいざ雑談をしようと思っても、心の鎧を脱げません。

「どうせまたバカにされるんだろうな」

「どこまで踏み込まれるんだろう？　根掘り葉掘り聞かれるのかな」

と思うと、プライベートまでさらけ出そうとは、とてもではないが思えなくなります。

逆に「あの人は自分の話をよく聞いてくれた」という上司のことは、絶対に忘れません。自分の話したいことを聞いてくれる上司と、聞きたいことだけ詮索してくる上司を、部下は厳密に見分けています。前者とならプライベートの話題もストレスを感じないはず。でも、後者からプライベートのことを聞かれてもぎこちなくなるに決まっています。

「若手と何を話したらいいか、わからない」

「雑談しようとしても、部下が話に乗ってこない、噛み合わない」

と悩む上司の方がいます。

それは部下のせいではありません。

原因を作っているのは上司のほうです。多くの場合、「この上司の前では鎧を着なきゃ」と思わせる何らかの出来事があったのです。好きで着ているわけではありません。

以前、部下が言いたかったことを、自分の都合で潰したことはなかったでしょうか。それは記憶に残っていないことかもしれません。でも現に目の前で、上司と部下の会話が滞っているとしたら、過去に何らかの原因が潜んでいるはず。

いずれにせよ、「上司のため」ではなく「部下のため」の会話ができるかどうかに、上司部下のコミュニケーションはかかってきます。

雑談が広がらないときは、オープンクエスチョンを意識してみましょう。

多くの上司が困っているのは、今どきの若者が皆おとなしく、口数が少ないことです。用件を聞けば答えるけれど、自分からは喋らない。ケアをしようと思っても、何を考えているかわからず腫れ物に触る思いがするというわけです。

プロのカウンセラーは、そういう相手にも気持ちよく話してもらう技術を持っています。その基本がオープンクエスチョンです。

オープンクエスチョンとは、回答の範囲を限定しない質問のことです。対して、クローズドクエスチョンは、イエスかノーかで回答する質問のことです。

つまりクローズドクエスチョン中心だと、会話は広がりようがないのです。

「うまくいってる？」→「普通です」

「問題ない？」→「特段ありません」

こんなふうに、会話が1往復で終わってしまうのは、それがクローズドクエスチョンだからです。

オープンクエスチョンとは、こういったものです。

「仕事の進み具合について、少し教えてもらえるかな？」

「仕事は順調？」ではイエスかノーかに限定されますが、これなら話が広がります。

最後に忘れてはいけないのは、感謝を返すことです。

「丁寧に教えてくれて助かるよ。ありがとう」
こういう態度をとる上司に部下がそっけない態度をとることは、まずありません。オープンクエスチョンで話を広げる。本題からズレた会話も大切にする。部下のために話をすることは、そういうことです。

できる上司の新常識 34

話がそれてもウェルカム！ オープンクエスチョンで部下の本音を引き出す

NG 問題が生じたら解決策をコンサルしてこそ上司である

自分のために会話するのではなく、相手のために会話する。そこには「相手の心をケアする」という作業も含まれています。

「自分のため」のコミュニケーションに躍起な上司は、情報収集優先になりがちです。というのも、そもそも上司はコンサルテーション（どこに問題があるのかを見極め、解決策を提案すること）が得意です。相談ごとを持ち込まれたら、何が原因で、それに対し部下がどんなアプローチをしたか、どんな経過をたどり、今どんな状態か、情報をすばやく聞き出し、「ああしなさい、こうしなさい」と指示を出します。それが重要な業務であることは間違いありません。経験豊富な上司でないと務まらない役目でもあります。

しかしコンサルはロジック一辺倒です。そこには心のケアが含まれていません。トラブルを抱えて相談にやってきた部下にとって、これは相当な負担です。

「もう無理だ、限界だ、助けてほしい」という思いで上司に相談しているのに、その気持ちを受け止めてはもらえず、「ああしなさい、こうしなさい」と業務上の指示をされるだけ。

これでは部下は楽になるどころか、ますます追いつめられるでしょう。

あるいは部下は、業務上の解決策など望んではおらず、「今こんなに大変な思いをしている」ということを理解してほしいだけかもしれません。その気持ちを汲み取らないまま「ああしろ、こうしろ」では「相談しなければよかった」になります。

問題の根源は、上司が「業務上の問題」しか見ていないことです。心のケアといっても「それは大変だったね」というワンクッションがあれば十分です。

業務上の問題を解決することは、コンサル能力に長けた上司にとってはそう難しいことではないでしょう。しかし、これからの上司は、「コンサル上司」ではダメ。必ず、部下の気持ちまでケアしなければいけないのです。

先にもふれましたが、「顧客のクレームに部下が弱音を吐いている」なら、顧客への対応だけでなく、「部下が弱音を吐きたくなるような気持ちになっていること」も、上司が解決するべき問題として認識するところから始めましょう。

できる上司の新常識 **35**

トラブル時に「コンサルのみ」だとかえって負担になる。心のケアを加えて部下の気持ちを受け止める

NG テンポのいいあいづちを打てば部下は本音を話すはずだ

「部下のための会話」を意識すると、上司は「話す」よりも「聞く」時間が長くなっていきます。

ここでも小手先のテクニックは通用しません。

部下の話を聞くときの大原則を考えてみましょう。

「そういうことね、わかったわかった」と、すぐわかった気にならないこと。

「そういうもんだよ」と一般化しないこと。

「大した悩みじゃないね」などと評価しないこと。これは自分の価値観や人生観、そして人間観を押しつけないことでもあります。

私が特にお伝えしたいのは、「人間観」の部分です。話の聞き方は、その上司がどんな人間観を持っているかで大部分が決まるのです。

先に、人間のモチベーションに関するX理論とY理論をご紹介しましたが、「聞く」にあたってはY理論、つまり「人は誰でも成長していくものだ」「誰しも、こうなりたいという目標を持っているものだ」という人間観を持っていることが望ましいのです。

「こいつには何を言っても無駄だな」

「どうせ成長しないだろう」

と思っていると、部下が何を話しても耳には入りません。Y理論の人間観のもと、「人間は誰もが成長できる」と信じていることが、とても大切です。

現実問題、世の中には成長が止まっている人もいます。それでも、「この先も成長しない」と決まった話ではありません。

今は立派に活躍されている方も、自身の過去を振り返ってみていただきたいのです。新入社員として働き始めて以来、ひたすら右肩上がり、一直線に成長した人がどれだけいるでしょうか。成長が止まったり、また成長が始まったり、成長スピードが早くなったり遅くなったりと、一口に成長といっても一本調子ではなかったはずです。

あるいは、新入社員の頃から長期的なキャリア戦略を考え、アクションプランを構築し、絶えず成長を続けてきたという人がどれだけいるでしょうか。おそらく大半の方は、ただガムシャラで何も考えていなかった時期があると思うのです。

この仕事は自分に合っているのかなと迷ったり、先のビジョンが描けず困ったり、あるいは停滞の時期が長かった人もいるでしょう。でも何かのきっかけで、「自分はこの仕事を続けたいんだ、この仕事を通じて成長できるんだ」と信じられる日がやってきて、歩き続けるようになったのかもしれません。

未来永劫、成長を止めているわけではない。今は歩みが止まっていても、きっかけがあればまた歩きだす。

上司には、人間をそんなふうに見てほしいのです。そうして始めて、相手の話を真剣に聞くことができるのです。

できる上司の新常識 36

「人間は誰でも成長する」という人間観を持って話を聞く

NG 部下の話は「ちょっと上の視点」から聞くほうがいい

相手の話を真剣に聞くと何が起こるかというと、「相手の立場で聞く」ことができるようになります。子供の頃「相手の立場に立って話を聞きなさい」と教えられたことがあるでしょう。でも具体的にどういうことなのか、説明できる人は少ないはずです。

人の立場になって聞くとは、「同じところを見る」ということです。

例えば、業務上の問題が生じ顧客からクレームが寄せられたとしましょう。クレーム対応のため、部下に「この作業を急ぎやってもらいたい」と指示しました。しかし部下は「今抱えている仕事を後回しにしてもいいんですか?」と反発。上司は「なんでわかってくれないんだろう」と悩んでいます。

このとき、上司と部下とでは見ているものが全く違います。上司は眼の前の部下を見ながら、こんなことを言いたくなっているかもしれません。

「またこんな問題を起こしたな。前にも同じことを指導しただろう、もっとお客さんに丁寧に説明しろって言ったよな。早く対応しないと怒りがどんどん高まっていくんだ。早く説明しに行け。まだできないのか」

もしかしたらこのとき、トラブルの責任を自分に問う上長の顔がチラついているかもしれません。

一方、部下はこのとき、何を見ているのでしょう。きっとクレームをつけてきた顧客の顔が思い浮かんでいるはず。怒りに駆られてキツい言葉を浴びせてくる顧客を前に、部下は何を感じているのでしょうか。「人の立場に立って、同じところを見る」というのは、その顧客の顔を思い浮かべてみることにあたります。

すると、上司の心象はまるで違ったものになります。

「あのお客さんに問いつめられたら、折れるだろうなぁ」

「彼女と同じくらいの年だったころ、自分もずいぶん情けない思いをしたっけな」

と、部下の気持ちを受け止めることができるのです。

こうして親身になって聞いたからといって、部下がその問題をすぐに解決できるかといったら、それはまた別の話です。部下の気持ちを受け止めた後に、「どのように解決できるか、一緒に考えていこう」という本来のコンサルに移行していけばいいのです。

「女性は悩み相談に解決策を求めていない。話を聞いてもらうだけでいいと思っている」とはよく言われる話ですが、それは女性に限った話ではありません。男性だって話を聞いてもらうだけで不安や不満は軽減するのです。部下の不安や不満が軽減されないのだとしたら、それは上司の聞き方に問題があります。

「そんなの、どうしようもないだろう」

と跳ね返すか、

「確かに、それは納得できないよね」

と受け止めるのかで、部下のモチベーションはまるで違ってきます。不安や不満というのは、跳ね返されるともっと大きくなるという性質を持っています。不安や不満を跳ね返すのではなく、受け止めること。「受け止めてもらえた」という感触が部下に残れば、気持ちはずいぶん軽くなります。

できる上司の新常識 37

「部下の立場・視点からは何が見えているか」をイメージしながら聞く

NG 傾聴とは、あいづち、うなずき、オウム返しのテクニックのこと

いうまでもないことですが、本当に相手と同じ立場に立つなど不可能です。また、すべきことでもありません。

極端な例かもしれませんが、ある人からガンになったと報告を受けたとき、自分もガンにならないと親身になれないかというと、そんなことはありません。

でも、相手と同じものを見ようとする努力はできます。

例えば、その人の周りにいる家族のことです。

「自分がもし今宣告されたらどうだろう？　まだ子どもは小さい、大学に行けない事態になったらどうしよう、妻は一生働きづめになるのか？　そんなことをさせるわけにいかない、絶対にまだ死ぬわけにはいかない……」

そんなふうに思いを馳せることはできます。相手の立場になって聞く努力をすると、相手の気持ちが理解できます。後輩からクレームを受けた部下の話を聞くときも、

「こんなふうに後輩から反発を食らったら、さぞやるせなく、情けない気持ち、虚しい気

持ちになるだろうな。もしかしたら自信がなくなってリーダーを降りたくなったりしてるのかな」

などと相手の気持を推し量ることもできます。

「相手の立場になって話を聞く」

「人の気持ちを理解する」

「人を思いやる」

いずれも、単なる心がけではないのです。

それは相手と同じものを見る、という具体的なステップ、つまり人が置かれている状況を理解しようと努め、相手の気持ちを感じ、それを大切にしようとしている姿勢なしにはできないことです。

そして相手の気持ちを感じずして、相手を大切にすることはできません。その人が置かれている状況を受け入れ、その人を尊重する。こうしたプロセスを経て、ようやく相手の気持ちが開いていくのです。

このプロセスを「傾聴」といいます。

「傾聴」には、人の話を聞くことの本質が詰まっています。

おそらく、管理職研修などを通じて、なんとなく傾聴のテクニックを知っている人は少なくないはずです。

例えば、相手の言葉を否定しない。あいづちを打ったり頷《うなず》いたり、相手の言葉をオウム返しにしたりして、話に興味を持っていることを伝える。傾聴というと必ず紹介されるテクニックです。

しかし傾聴の本質は、そこには含まれていません。

相手と同じものを見て、相手の気持ちを大切にすることで、相手の気持ちが開いていく。これが傾聴なのです。その本質さえ押さえていれば、あいづちもオウム返しも要りません。逆に、心からの関心を持っていなければ、表情や態度に表れてしまいます。

私が傾聴についてお伝えするときにするライブセッションがあります。話をする間、相手はどんな気持ちになっているか、感じてみるトレーニングです。

まず、相手と同じものを見る努力をします。そして相手の気持ちを推し量ります。そこには顧客に対する恐れもあるかもしれませんし、トラブルを解決できるかどうか不安に思う気持ちも、焦りもある。ちゃんとマネジメントできなかった不甲斐なさ、惨めさもあるかもしれません。

そのうち一番強い気持ちはどれでしょう？　こうした意識で聞くことが、傾聴のトレーニングであり、実践にもなります。

特別、大変な作業ではないと思います。業務の指導中に、たった5秒だけでも部下の気持ちを考えてみるだけで、全く違うマネジメントができます。傾聴のために1時間多くカウンセリングをしなければならないという話ではないのです。たった5秒でいいので部下の心に寄り添うことができれば、全く質の違う相談タイムになります。

それに、傾聴そのものが部下の心のケアになります。イライラや怒りがこみ上げていても、しっかり話を聞いてもらうことで収まります。不安や緊張も和らいでいきます。

傾聴は、いわば自分を大切にしてもらう行為です。その相手が上司であるならば、素晴らしい信頼関係が醸成されるに違いありません。

できる上司の新常識 **38**

傾聴とは、その人の立場を受け入れて気持ちを尊重すること

NG 傾聴より「解決策を指示できる上司」のほうが有能だ

普通、惨めな自分、見たくない自分というものは、人前にさらせないものです。しかし眼の前に自分のことを尊重してくれる人がいれば、本心を打ち明けることができます。するとは今度は、その本音を自分自身が観察できます。傾聴を通じてしっかり話を聞いてもらうと、人は自分の問題を真正面から考えられるようになるのです。

「課長に問題があるものとばかり思っていたけど、自分もずいぶん反発的な態度をとっていたな。そのせいで課長は、怒りが大きくなったのかもしれない。もしかしたら自分も、課長に対する配慮が足りなかったのかもしれない」

これは傾聴を通じて、部下の自己理解や自己受容が進んだということです。自分を受け入れたり、上司を受け入れたりといった変化が起こります。それは、自分の問題を自分で解決できるようになるということでもあります。

それもこれも上司と部下の心の交流が出発点です。具体的な業務指導だけでなく、傾聴をあわせて実践するだけで、部下は急速に自ら成長していくようになるのです。

そのような傾聴には心の交流が必要です。なぜなら気づきを得てもらうためです。気づきとは、単に「知らないことを知る」ことではありません。心理学的にいうと、気づきには3つの条件があります。「本人が成長する事柄を」、「感動を伴って」、「知ること」です。ここでいう感動とは心が揺れること。心の交流がなくては、心は揺れません。

そして、気づきがなければ、行動変容は起こらないのです。

これも多くの上司が勘違いしているところです。「こうしろ、ああしろ」とコンサルよろしく業務指導すれば、部下たちも一時は指示通りに行動を変えてくれるでしょう。それを見て「ああ、わかってくれたんだ」と安堵するかもしれません。でも本当は何も変わっていないのです。部下は言われた通りに動かないと叱られるから手足を動かしたというだけ。心から「そうするべきだ」と思ったから動いたわけではないのです。

それでは行動変容とはいえません。そこに気づきがないからです。

上司が誠実さを持って傾聴すれば、部下の心は必ず揺れます。誠実にならなければ、心は揺れません。この事実を知らないまま、大きな声を出したりドキッとさせれば部下の行動は変わると思っているのは、厳しいようですが残念な上司です。そんなことをしたら、部下の心はもっと閉じるでしょう。

上司と部下のコミュニケーションには、さまざまな場面があります。

上司が一方的に業務指示をすることもあれば、部下が一方的に報告、連絡することもあります。日常会話は、その中間ぐらいでしょうか。それまで一方的に話していた上司も事態が深刻だと察知すれば、部下の言葉に耳を澄まします。それが意識的に行われることもあれば、無意識的に行われることもあるでしょう。ずっと傾聴している必要は、もちろんありません。しかしここぞというとき、傾聴しようと思ったらできる。傾聴できる場面を増やせる。これが大切なのです。

それができたら、コミュニケーションの奥義を極めたようなものです。

日常会話においても、相手の感情を思いやることができ、温かい返しが自然に出るようになれば、コミュニケーションの幅が広がります。

そのスタートが、たった5秒の傾聴なのです。コンサルテーションの合間に5秒、

「この問題を抱えている彼の気持ちは今、どんな状態だろう」

と想像するだけで、傾聴する力は高まっていきます。

この訓練を毎日している上司としていない上司では、キャリアのあり方がまるで変わります。例えば、対照的な2人の上司が定年を迎えた様子を想像してみてください。

「ようやく辞めてくれて清々したよ。現場の大変さなんて何にも配慮してくれないで、上ばかり見て、言いたいこと言うだけで。もっと早く辞めてくれたらよかったのに」

「もっと働いてほしかった。もっと一緒に仕事がしたかった。もっといろんなことを教わりたかった。あなたが指導してくれたおかげで、話を聞いてくれたおかげで、私はここまで来られました」

まわりにうんざりされながら辞めていくのか、部下に慕われ、惜しまれつつ辞めていくのか。あなたなら、どちらを選びますか。

できる上司の新常識 39

たった5秒の傾聴が「気づき」を促し、部下の行動は変容していく

8章 叱らなくても戦力になる最強のコミュニケーション

NG 「世代間ギャップ」はコミュニケーションの障害になる

多くの上司が、部下を前にして不安に思うのは「世代間ギャップ」です。

確かに、若い世代と、40〜50代の上司世代とが、同じ性質を持っているとは言い難いでしょう。好きな音楽や映画も、親しんでいるツールも、週末の過ごし方も、違う点を上げだしたらキリがありません。いくら共通の話題を探る努力をしたところで、簡単には見つからないと思います。

「だから部下が心を開いてくれないんだよ。世代間ギャップは埋められないんだから、仕事のコミュニケーションが滞るのも仕方ない」

と上司は嘆くのですが、本当にそうでしょうか。私はそれを、根拠のない都市伝説の類だと確信しています。世代間ギャップの多くは、正しいマネジメントを理解することで埋められるものです。

例えば、いきなり「趣味は?」「人生の目標は?」などと聞き出そうとしても、部下が答えにくそうにするのは当然です。しかし「上司が聞きたいこと」ではなく「部下が話したいこと」にフォーカスしたら、口も滑らかになります。先にもふれましたが、具体的には「部下が努力したこと、頑張ったこと」。つまりまずは仕事の話から深めるべきなのです。

そもそも「人を理解する」とは、何を理解することなのでしょうか。好きなゲームについてでしょうか、それとも今はまっているSNSについてでしょうか。

私は「相手の気持ちを理解すること」だと思います。相手の気持ちを感じられるからこそ、相手を大切にすることができる。その人が置かれている状況を受け入れ、その人を尊重することができる。こうしたプロセスを経て、ようやく相手の心は開いていくのです。そのために何をすればいいのか、それは7章で説明した通りです。

確かなことは、世代間ギャップを埋めるために必要なのは「共通の話題を探ること」などではないということです。それよりももっと大切なのは、目の前にある仕事の話です。仕事中、何を考えて、何に悩み、どんな気持ちでいるのか、聞き出してみましょう。

できる上司の新常識 **40**

「世代間ギャップがあるからうまくいかない」は都市伝説。仕事を通じて相手を理解するスタンスが大切

NG 部下の成長のためなら叱責や批判も必要である

「お前に期待しているから、厳しくあたるんだぞ」

これも上司の常套句です。部下の仕事ぶりを、ときにキツい言葉で批判するのも愛があればこそだと彼らはいいます。

しかし人間の行動原理を考えるならば、叱責はむしろ部下の成長を妨げる要因になります。叱責は、部下を思考停止に追い込むからです。

どんな人間にとっても叱責は大きなストレスです。そのため、叱責を受け続けると自分の能力を「叱責を受けないように」働くことだけに費やすようになります。本来はすごいポテンシャルを持っている部下も能力は限定され、小手先の仕事しかしなくなり、平凡なレベルに埋もれていきます。

それでも当の上司は、自分が部下をスポイルしているのだと気がつきません。こうして言われたことだけをやる部下、自分の頭で考えない部下が量産されるのです。

現実にはほとんどの場合、叱責は要りません。部下が何かミスをしたとしても、上司と部下が一緒になって問題点を探り、その上で「これだけの仕事ができるはずだよ」と適切に評価し、褒めて、期待をかけたら、部下はすべての能力をもって上司の期待に応えようとしてくれるでしょう。足りない知識や経験があれば勉強して、課題をクリアしようと努力するでしょう。それをしないで「なぜ、最後までやり通さない?」「早く仕事を覚えないと」などと叱責するのは、上司の責任放棄に過ぎません。

「忙しいのに、そこまで手をかけないといけないのか」と憤りを感じるかもしれませんが、そう思われるなら、

「やり通せるように業務プロセスのアドバイスをしたのか」

「投げ出さないようにモチベーションを維持させたのか」

「チャレンジ精神が生まれるよう失敗許容したのか」

等々、上司が自らチェックするべきところかもしれません。すべては部下を成長させるためですし、部下が伸びてくれれば上司ははるかに楽になるのです。

できる上司の新常識 41

ほとんどの場合、叱責は要らない。
きちんと指導したかをチェックすることが大事

NG 控えめな若手がいい仕事をしたら皆の前で褒める

先にふれた「ストレス耐性の低さ」のほかにも、「最近の若者は○○だ」という議論があります。

例えば、「最近の若者は目立つことを嫌う」。

上司に指示されたことはやるけど、それ以上のことはしない。人を踏みつけてまで出世したいと思わない。困難なことに挑戦したくない。こうした価値観を持つ若者が増えているのは、私も肌で感じているところです。

共通して強く感じるのは、彼らの「横並び意識」です。自分一人で「頑張っている」オーラを出すことを避ける、集団から孤立するリスクを最小にする、そういう不思議な仲間意識があります。

20年前なら「部長になりたいです」ぐらいの上昇志向を口にする新入社員は、珍しくもありませんでした。でも今は、まずいません。「プライベートも楽しみたいので、バランスを取ってやっていきたいです」という若者のほうが多数派です。そういった価値観を今の上司たちが許容できるかというと、これはなかなか難しいでしょう。

「私が若い頃は、もっとガツガツしていたよ」

「だから最近の『草食系』はダメなんだ」

と、つい若手を「ひとくくり」にしたくなる気持ちもわかりますが、当然ながら、若手全員が同じ意識でいるわけではありません。上昇志向を持った若手もいれば、仕事で成長していきたいと願う若手もたくさんいるのです。

それを十把一絡げにして「最近の若者は」と持論を語ってはばからない上司は、

「この人は、一人ひとりの違いに思いを馳せることができない人なんだな」

「自分の価値観を押しつける人なんだな」

と見限られてしまうでしょう。有能な若手であるほど、こうした上司のもとで自分が成長できるか疑問を持つでしょうし、「ここにいたら将来に期待を持てない」と見限ります。

そういった上司がやりがちなのは、優秀な若手を見つけると、おおっぴらに彼を褒めそやすことです。

「最近の若いやつらに比べて、こいつはデキる。皆、見習うといいよ」

言われた若手たちも、「また価値観を押しつけるのか」と反発するところですが、褒められた優秀な若手にとっても、これはいい迷惑なのです。

人前で褒められて喜ぶのは、基本的には40代以上のおじさんたちです。

若者の「横並び意識」は、相当に強いものがあります。本当に頑張っている、意識の高い若手であっても、「評価してくれるのは嬉しいけど、陰で見守っていてほしい、黙っていてほしい」という思いを同時に抱えています。

それなのにあからさまにスポットライトを浴びせられたら、もう頑張れません。それを見て、上司は「頑張っていたのは最初だけだったな。期待してたのに」。こういった不用意な褒め言葉が若手のやる気を摘んでいることに、従来型の上司は気がついていません。

「派閥」を嫌うのも、最近の若手の傾向です。

昔の会社には「この人は気が合う、尊敬できる」と思った上司と派閥を作り、反対に「この上司はダメだ」と思えば離れていくといった空気がありました。でも今の若手には、この派閥に所属している・所属していないという区別を曖昧にしておく傾向があります。別の派閥から攻撃されることを嫌うために、あえて派閥から遠ざかるのです。

それに、昔はそうして特定の上司に目をかけてもらうことで「能力がなくても上のポジションへ上がれる」場合が、なきにしもあらずでした。でも今となっては昔の話。仕事で成果を出さなければキャリアアップもない、というフェアな感覚を持つ若手ほど、派閥を嫌います。一人の上司に仕える感覚もありません。

これは権力に関わってくることです。部署内で権力を持つ上司に可愛がられると、そこに権力の委譲が起こります。スポーツでいえば監督が一番の権力者ですが、そばにいるコーチにも権力が委譲されると、メンバーの支配がしやすくなるわけです。

ところが今の世の中、権力で人を動かすのはもう無理なのです。部下たちは合理的な説明を求めています。「なぜそうしなければならないのか」、納得できないと自主的には動かない。それを無理やり権力で統率しようとすると、パワハラ問題として露見したり、スポーツで界であれば監督やコーチの処分、選手たちの離散といった事態に発展します。

若手を動かすには、権力ではなく合理性。上司として肝に銘じておきたいところです。

できる上司の新常識 42

「皆の前で褒められる」のを嫌がる若手は多い。「横並び意識」や「合理性」を理解しておく

NG 部下をノセたければ折にふれて褒めればいい

「メンタル不調に追い込まない叱り方はありますか」
「褒めても、部下がどうも嬉しそうじゃない。どうしたらいいですか」

いずれも、よくあるご相談です。まずは褒めること、叱ることのメリットとデメリットを理解する必要があると思います。

行動理論の観点からいうと、「こうしろ、ああしろ」と叱ったら動くのは、「怒られないために行動する」のと同じです。また「よくやったね」と褒めたら動く場合は「褒められたくて行動する」のと同じ。行動に伴う「感情」にも違いがあります。叱られると、恐れや緊張感、不安といったネガティブな感情が生まれます。その特徴は即効性です。叱られた人間はすぐに動きます。

一方、褒められると、嬉しさ、自己肯定感といったポジティブな感情が生まれます。こちらは長く効きます。

問題の捉え方も違います。叱られたときは、自分の問題であると捉えることができず、上司に叱られたときにだけ対応するようになります。指示が出ない限り、しようとしないのです。反対に、褒められると自分自身の問題意識が高まります。すると「これは自分の問題である」と捉えるので、誰かに言われずとも進んでやるようになります。

では、叱り続けたらどうなるでしょう。それは不信や不満、劣等感や反発のもとです。上司と部下の間にあるべき信頼が養われず、いつか人間関係が破綻します。

そのかわり、普段叱ってばかりの人が、たまに褒めると効果絶大です。

対して、褒め続けると信頼や満足、達成感、感謝の気持ちなどが育ちます。いいことづくめのようですが、褒められることに慣れてしまうと効果が薄れるというデメリットも。いつもは褒めてばかりの人も、たまには叱ると、大きな効果が期待できます。しかし、一度で人間関係にヒビが入ることもあるので注意が必要です。

「褒める」と「叱る」には、これだけの違いがあります。基本的には褒める割合を多くすることが大切ですが、その時々に応じて、褒めて自発的にやらせたほうがいいのか、叱って強制的にやらせたほうがいいのか吟味する必要があります。

しかしここで押さえていただきたいポイントは、叱るにしても褒めるにしても、上司が部下を認めていないと意味がないということです。

自分を認めてくれていない上司に叱られると部下は、

「何を言っても、この人は聞く耳を持たないし」

「いい加減にしてほしい、うんざりだ。何様なんだ」

という気持ちが生じます。褒められた場合も同じです。

「どうせ口先で、調子のいいことを言っているだけだ」

「腹の中では何を考えているかわからない」

部下のことを認めず、上っ面で褒めたり叱ったりしても、効果がないのです。

自分のことを認めてくれている相手の言葉だと思うからこそ、心に染み込むのです。褒めるにせよ叱るにせよ、部下を認めることがすべての土台です。

それでは「認める」とは具体的にどういうことでしょう。

例えば、部下が失敗をし、顧客に迷惑をかけて、クレームが寄せられたとします。そんなときであっても、全部が全部、部下の落ち度ではないはずです。部下が努力したところや苦労したところ、うまくいったところも、きっとあるはずです。「認める」とは、それらをきちんと指摘して肯定することです。それもしないで、「何やってんだ！」と全否定する勢いで叱り飛ばしたら、部下は「何にも知らないくせに」と言いたくなるわけです。即、心を閉ざしてしまい、上司の言葉は届きません。

「よく頑張った。こんなに努力していたよね。でも、ここのところはこんなふうに考えてもよかったんじゃないかと思うけど、どうかな？」

これなら、部下の心に届きます。そこには、部下に対する配慮があります。同時に「普段から君の頑張りを見ているよ」という、部下に対する期待も伝えることができます。

できる上司の新常識 43

どう褒めるか叱るかの前に「部下を一人の人間として尊重しているか」が問われる

NG「良い」と思ったら何でも褒めるほうがいい

叱るよりは褒めるのが基本だといいましたが、「なんでも褒めればいい」というものではありません。前にも少しふれましたが、どうでもいいことを褒めないことです。

例えば、部下が完成させたプレゼン資料を褒めるとき。完成に至るまでに部下がどれだけ努力したか想像してみましょう。専門外のリサーチが必要で、人に頭を下げて教えを請う場面もあったかもしれない。それなのに、上司にこんなことを言われたとしたらどう思うでしょう。

「パワポの色使いがキレイだね」

……そりゃないだろう、と思いませんか。部下が褒められたいのは、そんなことではない。部下の努力をウォッチできていないということが丸見えです。

日頃から部下のことを見ていない上司に、褒めることはできないのです。「褒めればいい」が行き過ぎた上司は、なんでもかんでも褒めまくろうとしますが、それは単なる「ご機嫌とり」です。部下を自分の思い通りに動かそうと、つまり「自分のため」に褒めているだけ。そのことを部下は敏感に察知します。これは上司として「やってはいけないこと」の筆頭です。適当に褒められれば褒められるほど部下は「この人は何もわかっていない」とうんざりするわけです。

反対に、褒めてほしいことをズバリ褒められると、これは最高に嬉しい。もっと認められたい、もっと話がしたいと、自然に心を許します。

「この部分、君の専門性を超えたスキルが必要じゃなかった？　どうやってクリアしたの？」

「先輩に聞きまくりました。恥かいたし『ランチおごれ』なんて言われちゃいましたが」

「そうだろう。じゃなきゃここまで素晴らしい出来にはならないよ。努力したね！」

褒め方がスマートでなくても、頻繁でなくてもいいのです。まして褒め言葉に工夫を凝らす必要もありません。大切なのは、部下の努力や苦労を見逃さないこと。そのために部下の仕事ぶりを普段から観察していることです。

できる上司の新常識 44

部下にとって「どうでもいいこと」は褒めない。努力・苦労したことを見逃さず褒める

NG 叱った日は少し厳しく接して反省させる

叱るときのポイントと、褒めるときのポイントは、かなりの部分で共通しています。

例えば、褒める（叱る）ことに終始しない。先ほど指摘したように、褒め続ける（叱り続ける）と、効果は薄れていきます。

また、褒める（叱る）ポイントはひとつに絞りこみます。この際だからと、あれもこれもと褒め（叱り）まくると、これも効果が薄れます。

大人数の前で褒める（叱る）のも、控えたほうがいいのです。皆の前で叱るのがよくないのは、イメージがしやすいと思います。それは部下を不必要に動揺させ、恨みを買うだけ。褒める場合も人前は避けたほうがいいのです。周囲に妬まれたり、「あいつ調子にのってるぞ」と目をつけられないかとストレスになる人も多いからです。

いうまでもないことですが、人格や性格、容姿、家族のことなど、変えられないことを褒めたり叱ったりしてはいけません。ハラスメントにあたります。

それから、放りっぱなしにしないこと。

「いったいどうするつもり？　どうやって解決する気なのかな、こんなにお客さんに迷惑かけて。取り返しつかないよ。自分でまいた種なんだから自分でどうにかして来い」

これで終わりにしてしまうと、部下の気持ちの逃げ場がありません。精神的に追い込まれてメンタル不調をきたす可能性が高いといえます。

「今回はこんなふうにミスして、お客さんにこう迷惑をかけてしまった。でも今回これを学べたから、次これを出せば、次からのお客さんには喜んでもらえるよね」

このように、次に繋がる叱り方をしましょう。

そして、褒めモード（叱りモード）を長く続けないことです。叱った後に、コミュニケーションをちゃんと元に戻すということです。これは本当に多くの上司の人が忘れがちです。特に叱った後は一日中、不機嫌な顔を続けてしまう。叱るときは叱るモードに入っていいのですが、叱った後はいつも通りのコミュニケーションに戻しましょう。褒めた後も同様です。一日中、褒めモードを続けていると、「えこひいき」と思われます。

できる上司の新常識 45

「褒めモード」「叱りモード」を長く続けない。

ノーマルなモードに戻す

NG 褒め方も叱り方も、自分には一通り身についていると思う

褒め方、叱り方のポイントを学ぶ前に、自分は誠実であろうとしているか振り返ってみる必要があります。できる上司と従来型の上司の境目は、その誠実さがあるかどうかです。誠実に部下と向き合っていれば、部下の努力しているところを発見できます。部下を叱る言葉も、心に響きます。肝心なのは、叱り方、褒め方のテクニックではありません。それは態度であり、心のありようなのです。

したがって「こういう褒め方、叱り方をしてください」というアドバイスには、あまり意味がありません。上司が誠実に向き合っている、という事実に部下が気づいてくれたら、もう十分なのです。

これまでの職場環境においては「部下に対して誠実であれ」という発想そのものが、抜け落ちていたように思います。むしろ立場が下の者が上の者に対し忠誠を誓うことばかりを求められていました。上司もまた、さらに上の上司に対して忠実であろうとするあまり、部下たちへの誠実さを忘れていた。そう思えてなりません。

ですが、上司や顧客のみに誠実で、部下に対しては同じように向き合えない人は、結局のところ、誰に対しても誠実になれない人ではないでしょうか。

本当に誠実な人は、相手が誰であろうと誠実なのです。自分よりも年齢が上の部下がいて叱るのに躊躇するという人がいますが、合理性があると信じられるなら、堂々と厳しいことも言えるはず。努力している姿を普段から見ていて、ここは素晴らしいけど、この行動は確かに悪かった。そこまで観察している背景があれば、叱ることができるし、年上といえども部下は耳を傾けます。

もっとも、誠実であろうとするほど、叱ることについては慎重にならざるを得ません。叱るというのは本来、本当に難しいことです。従来型の上司は、ほんの最初のミスレベルで「なんでこんなことができないんだ！」と、感情的に叱ってしまいます。これは部下にとってダメージが大きい上に、効果も小さいのです。

私は、叱責は最後の手段だと思っています。

そこに至るまでには、6つものステップがあります。

1回めのミスが起こったら、まず（1）「事実を提示」し、部下と共に認識します。そして、「こうしてほしい」と（2）「注意」をします。ここで簡単に叱責すると、「叱責されないこと」ばかりにこだわるようになる恐れがあります。

部下が同じような案件で2度目のミスをしたときはどうでしょう。ここでも叱らず（3）「諭す」段階です。

「この前、2人で確認したことは覚えているかな。なぜ今回できなかったのか、理由があるなら教えてほしい」

相手の気持ちに配慮する姿勢を示しつつ、失敗したからといってただちに叱責はしないことを示しています。そして（4）「約束」をします。

「仕事をお願いしたときを含めると、これで3度めの確認だね。次はちゃんとしてくれると期待しているよ。できるかな？」

ここまでくれば普通は失敗がくり返されることはありません。しかし、それでもミスがくり返されてしまったら、今度は（5）「自分の気持ちを伝える」ことにしています。

「私は君が約束を守ってくれると信じていた。それなのにこんな結果になって、私は裏切られたような気持ちだ。とても悲しい。そのぐらい私は君を信じていたんだよ。自分を信じてくれる人の気持ちを平気で踏みにじる。いつまでそういう生き方を続けるのかな？」

ここまでくると、部下も心が揺れます。多くの場合、涙します。それ以降、ミスがくり返されることはまずありません。つまり（6）「叱責」に至ることは、ないのです。

私は決して、部下を甘やかしているつもりはありません。前に「気づきがないと行動変容は起こらない」と言いました。叱責して行動変容が起こるならそうしますが、叱って行動を変えることがあっても、それは「怒られるのが嫌で」手足を動かしたというだけで、自主性がありません。むしろ部下は心を閉ざすばかりで、同じミスを何度もくり返すことになるでしょう。

しかしそこに「心の揺れ」があれば、行動変容はきっと起こるのです。上司の信頼や期待、思いやり、誠実さを知り、そういう上司の思いを平然と踏みにじっていた自分の姿に気づけば部下の心は必ず揺れます。この上司の思いに応えたい、この人を裏切ることは今後何があってもしたくないと思い、行動変容が起こるのです。

できる上司の新常識 46

叱責は「第6段階」。ここに至ることはほとんどない

NG 褒めるのは結果が数字に表れてからでいい

褒めるポイントは、必ずしも、目にわかりやすく見えるものばかりではありません。営業であれば売上、工場であれば生産性や作業時間の効率化など、わかりやすいものさしがあります。しかし、私がそれ以上に大事にしているのは、文字にできない業務、ほかの業務に埋もれてしまっている業務で活躍している人たちです。

そのような仕事をコンテキスト・パフォーマンスといいます。例えばそれは、決して評価項目に加わることはないけど、誰かがやらなければならない作業だったり、誰もやりたがらないけど周りの助けになる作業です。「草刈り」などはよい例かもしれません。勤務する工場のまわりに草が生い茂っているせいで、なんとなく景観を損ねている。移動の邪魔になっている。そんなときに炎天下、汗だくになって草刈りをしている人を時折見かけます。彼は誰に命じられたわけでもなく、一人黙々と作業しているのです。

そのようなコンテキスト・パフォーマンスをしてくれる人が、職場には必ずいます。華やかな活躍ではなくても、彼がいなくては職場が成立しない。そんな人ほど貴重であると私は思うのです。彼らの目に見えない貢献度を吸い上げ評価していく姿勢は、上司にとってとても大事だと思います。

営業職も、とかく数字ばかりが評価されます。

「1日何件回ってる？　たった2件？　だから売上が上がらないんだよ。トップの人たちは5件回ってるよ。努力が足りないいんじゃないかな」

しかし、彼がたった2件しか回れない理由がコンテキスト・パーフォマンスだとしたらどうでしょう。例えば、新人たちに提案書や見積書のコツを教えていたり、人知れず夜遅くまでマニュアルを作成していたり。それらは評価項目として認められていないかもしれませんが、間違いなく組織に貢献する仕事です。その頑張りを褒めるのも、上司の仕事です。前述の通り、それは他の業務に埋もれがちですし、そういった仕事を買って出る社員というのは、わざわざPRしようとはしないでしょう。でも、そんな隠れた活躍も上司は見てくれている。その安心感、信頼感は、部下たちを大いに勇気づけるものです。

「変化」という視点も、目に見えにくい褒めポイントです。

例えば、部門の目標値があり、その達成度で、A評価、B評価、C評価とするのが一般的かもしれませんが、そこに加えて、

「彼の前期からの伸びは、一番だ。たった1年で、ここからここまで成長した」

などと、時系列的に活躍を見てほしいのです。仮に単年で見ればC評価であっても、前年からの伸びが一番なら、部下の隠れた努力が数字に表れたものかもしれません。

そもそも、単年の数字が実力を正確に反映したものとは必ずしも言えません。営業担当でいえば、たまたまいい顧客に恵まれたのかもしれないし、担当する商品やエリアも違うのかもしれないのです。そのため単年の数字だけで評価していると、部下たちには「努力しても報酬につながらない」と無力感を抱かせる恐れがあります。

しかしそこで上司が、

「私は君の頑張りをちゃんと評価しているよ。今期の貢献度を見る限りは、平均値よりも下げなくちゃいけないことは理解してほしい。でも去年、今年と伸びてきて、来年ここまで行けば、平均以上の給料を出せるようになるから」

といった合理的な説明ができれば、モチベーションは維持できるのです。

できる上司の新常識 47

コンテキスト・パフォーマンスや成長の角度もしっかり評価する

コラム⑥

上司が「何を大切にしているか」は必ず伝わる

上司をしていると、人間として何を大切にしているかを問われる場面があります。

昔、外資系企業で20人ぐらいの部下を持っていた頃のことです。私ともう一人、本社からやってきて日本法人を立ち上げた外国人マネジャーも、部下のマネジメントにあたっていました。部下たちは、私の指示であれば100%理解し完璧にこなしてくれました。ところが外国人マネジャーは日本人の慣習からズレた指示を出すことがあり、部下たちは戸惑っていました。

あるとき、外国人マネジャーの管轄のもと、部下たちが動員されイベントが開催されました。私は直接タッチするポジションではなかったのですが、問題が起こりました。外国人マネジャーが期待した活躍を部下たちがしなかったのです。彼は「本気でやらなかった」と部下たちを非難し、処分すると言い出しました。そして彼は私に「仕事をしなかった者の名前をリストにしなさい」と命じました。

私に言わせれば、悪いのは部下ではありません。私から一言部下に指示すれば問題なく仕事をこなしたはず。だから「悪いのは私だ。部下の名前を出すことはできない」と突き返しました。しかし彼は「誰かを処分しないと問題が収まらない」と言います。

結局、私は会社を去ることにしました。

あのとき私が大切にしたかったのは、私と部下たちの信頼関係です。保身を考える上司なら部下を差し出していたかもしれません。でもそうしないですみました。

あのときの判断を今でも全く後悔していません。私にとって、素晴らしい部下との関係は、それくらいかけがえのないものになっていたし、その判断と行動ができた自分を、今でも自分で信じることができるからです。

「他の人からどう見られるかはわからなくても、『自分自身が信じられる自分』を創りつづける」――経験や年齢を重ねることとは、人生とは、そういうところに価値があるのではないかと感じています。

今になって思うのは、上司という仕事は人間を成長させてくれるものだということです。

そして上司を成長させてくれるのはほかでもない、部下たちなのです。

おわりに

部下に対して誠実であること、部下の気持ちを思いやることが大切であると、私は何度もお話ししてきました。

上司のミッションのひとつは、会社の業績を上げ続けることです。そのために会社の都合や顧客の都合を優先してきたのが、これまでの上司でした。顧客目線という否定しがたい「正義」のため、ときに部下を犠牲にしてきた側面もあります。

しかし、会社の業績を作る当事者は部下たちです。上司一人でミッションを達成するのは不可能です。

しかも部下は、内から湧き上がるモチベーションによって生き生きと働き、そこにやりがいを感じるほどに、パフォーマンスはいっそう高まるのです。そう考えると、顧客の幸福も部下の幸福も、同じ重さをもって大切に感じられるのではないでしょうか。

しかし本当のところ、「部下に対して誠実に」と限定する必要もないと、私は思います。

顧客にはいい顔を見せながら部下にはキツくあたって平然としている、そんな区別をする人が本当に「できる上司」といえるのか、ということです。

自分が優位に立っていると見るや、配慮を欠いた態度をとるような人間は、お客さまには丁寧に接しているように見えても、それはきっと上辺だけです。

「この客からは注文がとれないな」と思ったら即、態度を変えることになるかもしれません。メールの返信が遅くなったり、完全にリアクションを止めてしまったり、そんな「手のひら返し」が必ず起こります。

自分にとってメリットがある相手にだけいい顔をする人は、本当のところ、誰ひとり尊重してはいないのです。そのメリットがなくなったとき、化けの皮が剥《は》がれます。

それは上司も同じなのです。

部下に対して誠実になれない上司は、いくら表面だけ取り繕《つくろ》っても、いつか上司として然るべき行動がとれないことがまわりに露見し、糾弾され、上司ではいられなくなります。

自分が大切にしているものを、見失ってはいけません。

投資家を大切にしない会社は、粉飾決算などの不正に手を染め、いつか失墜します。

消費者を大切にしない会社も、やがて告発され、社会的な制裁を受けるでしょう。

社員を大切にしない会社は、メンタル不調に苦しむ社員を生み出し、優秀な人材を失っていきます。

同じように、上司として成長したいと願うなら、自分が何を大切にするべきかを、決して忘れないでください。

業績を追求するだけの上司には、部下はついていきません。

部下を甘やかすばかりの上司では、業績を上げ続けることはできません。

会社にとっての幸福も、顧客にとっての幸福も、そして部下の幸福も、すべて同じ誠実さを持って高めていけるよう、努力を続けるのがこれからの上司のありかたです。

その誠実さを、どうか持ち続けていただきたいと思います。

見波利幸

青春新書
INTELLIGENCE

こころ涌き立つ「知」の冒険

いまを生きる

"青春新書"は昭和三一年に――若い日に常にあなたの心の友として、その糧となり実になる多様な知恵が、生きる指標として勇気と力になり、すぐに役立つ――をモットーに創刊された。

そして昭和三八年、新しい時代の気運の中で、新書"プレイブックス"にその役目のバトンを渡した。「人生を自由自在に活動《プレイ》する」のキャッチコピーのもと――すべてのうっ積を吹きとばし、自由闊達な活動力を培養し、勇気と自信を生み出す最も楽しいシリーズ――となった。

いまや、私たちはバブル経済崩壊後の混沌とした価値観のただ中にいる。その価値観は常に未曾有の変貌を見せ、社会は少子高齢化し、地球規模の環境問題等は解決の兆しを見せない。私たちはあらゆる不安と懐疑に対峙している。

本シリーズ"青春新書インテリジェンス"はまさに、この時代の欲求によってプレイブックスから分化・刊行された。それは即ち、「心の中に自らの青春の輝きを失わない旺盛な知力、活力への欲求」に他ならない。応えるべきキャッチコピーは「こころ涌き立つ"知"の冒険」である。

予測のつかない時代にあって、一人ひとりの足元を照らし出すシリーズでありたいと願う。青春出版社は本年創業五〇周年を迎えた。これはひとえに長年に亘る多くの読者の熱いご支持の賜物である。社員一同深く感謝し、より一層世の中に希望と勇気の明るい光を放つ書籍を出版すべく、鋭意志すものである。

平成一七年

刊行者　小澤源太郎

著者紹介

見波利幸〈みなみ　としゆき〉

1961年生まれ。

一般社団法人日本メンタルヘルス講師認定協会代表理事。

外資系コンピュータメーカー、野村総合研究所を経てエディフィストラーニング（キヤノングループ）で主席研究員として活動の後、2015年より現職。

メンタルヘルスの黎明期よりいち早く1日研修を実施するなど、日本のメンタルヘルス研修の草分け的な存在。研修や講演のほか、カウンセリング、職場復帰支援、危機対応、カウンセラー養成の実技指導など幅広く活動。

著書にベストセラー『心が折れる職場』、『「新型うつ」な人々』（いずれも日経プレミアシリーズ）、『メンタルヘルス・マネジメント検定試験Ⅰ種（マスターコース）重要ポイント&問題集』（日本能率協会マネジメントセンター）等がある。

なぜか、やる気《き》がそがれる
問題《もんだい》な職場《しょくば》

青春新書
INTELLIGENCE

2018年10月15日　第1刷

著　者　見《み》　波《なみ》　利《とし》　幸《ゆき》

発行者　小澤源太郎

責任編集　株式会社プライム涌光
電話　編集部　03(3203)2850

発行所　東京都新宿区若松町12番1号 〒162-0056　株式会社青春出版社
電話　営業部　03(3207)1916　振替番号　00190-7-98602

印刷・中央精版印刷　製本・ナショナル製本

ISBN978-4-413-04554-4

こころ涌き立つ「知」の冒険！

青春新書 INTELLIGENCE

喋らなければ負けだよ	古舘伊知郎	PI·482
イチロー流 準備の極意	児玉光雄	PI·483
世界を動かす「宗教」と「思想」が2時間でわかる	蔭山克秀	PI·484
腸から体がよみがえる「胚酵食《はいこうしょく》」	森下敬一 石原結實	PI·485
江戸っ子はなぜこんなに遊び上手なのか	中江克己	PI·486
能力以上の成果を引き出す本物の仕分け術	鈴木進介	PI·487
名僧たちは自らの死をどう受け入れたのか	向谷匡史	PI·488
健康診断 その「B判定」は見逃すと怖い	奥田昌子	PI·489
一流はなぜ「シューズ」にこだわるのか	三村仁司	PI·490
2時間の学習効果が消える！ やってはいけない脳の習慣	川島隆太[監修] 横田晋務[著]	PI·491
図説 呉から明かされたもう一つの三国志	渡邉義浩[監修]	PI·492
偏差値29でも東大に合格できた！ 「捨てる」記憶術	杉山奈津子	PI·493
歴史が遺してくれた日本人の誇り	谷沢永一	PI·494
「プチ虐待」の心理 まじめな親ほどハマる日常の落とし穴	諸富祥彦	PI·495
図説 教養として知っておきたい日本の名作50選	本と読書の会[編]	PI·496
人工知能は私たちの生活をどう変えるのか	水野 操	PI·497
若者はなぜモノを買わないのか 「シミュレーション消費」という落とし穴	堀 好伸	PI·498
自律神経を整えるストレッチ 自分でできる、心と体をゆるめる習慣	原田 賢	PI·499
40歳から眼がよくなる習慣 老眼、スマホ老眼、視力低下…に1日3分の特効！	日比野佐和子 林田康隆	PI·500
林修の仕事原論 壁を破る37の方法	林 修	PI·501
最短で老後資金をつくる確定拠出年金こうすればいい	中桐啓貴	PI·502
歴史に学ぶ「人たらし」の極意	童門冬二	PI·503
インドの小学校で教えるプログラミングの授業	ジョシ・アシシュ[監修] 織田直幸[著]	PI·504
急に不機嫌になる女 無関心になる男	姫野友美	PI·505